新时代高校思想政治理论课教学研究

朱汉辰　著

延邊大學出版社

图书在版编目（CIP）数据

新时代高校思想政治理论课教学研究 / 朱汉辰著 ． --
延吉 ： 延边大学出版社，2021.9
ISBN 978-7-230-02046-6

Ⅰ．①新… Ⅱ．①朱… Ⅲ．①高等学校－思想政治教
育－教学研究－中国 Ⅳ．①G641

中国版本图书馆CIP数据核字(2021)第194071号

新时代高校思想政治理论课教学研究

著　　者：朱汉辰
责任编辑：李鹏飞
封面设计：王　朋
出版发行：延边大学出版社
社　　址：吉林省延吉市公园路977号　　邮编：133002
网　　址：http://www.ydcbs.com　　E-mail:ydcbs@ydcbs.com
电　　话：0433-2732435　　传真：0433-2732434
发行部电话：0433-2733056
印　　刷：北京市迪鑫印刷厂
开　　本：787毫米×1092 毫米　　1/16
印　　张：7
字　　数：156千字
版　　次：2022年3月第1版
印　　次：2022年3月第1次印刷
书　　号：ISBN 978-7-230-02046-6

定价：50.00元

前　言

　　思想政治理论课教学是高校对大学生实施思想政治教育的主要手段，也是高校贯彻落实党中央思想政治路线的重要方式，有利于培养学生正确的情感态度与价值观。当前，多数高校都已经开设思想政治理论课，并不断地深入研究此课程的教学方法，尝试采取多元化的教学手段，以提高此课程的课堂教学效率，充分发挥该课程的教育作用，做好大学生的思想政治教育工作。

　　高校思想政治理论课是对大学生进行思想政治教育的主要途径，在帮助大学生树立正确的世界观、人生观、价值观方面发挥着积极的作用。随着时代的进步、国内外形势的变化、互联网的发展，社会呈现出多元化的发展趋势。在这种社会现实的影响下，大学生的思维方式、学习方式和接收信息的途径都发生了变化。这就要求高校思想政治理论课要跟上时代发展的步伐；要求教师在教学过程中不断地创新和改革，积极探索出一套行之有效的、新颖的教学方法，努力在思想政治理论课的教学中发挥出自身的最大作用。

　　大学生是我国进行社会主义现代化建设的后备力量，是我国未来发展所需的重要人才资源，其思想政治素质直接影响着党建工作的效果和社会发展水平。高校是大学生学习新知识、接受新思想的重要场所，在实施思想政治理论课教学的过程中，教师传授的不仅是关于学生人生思想教育的知识，还是关于国家与党的指导思想知识，是对大学生精神方面的教育，有利于大学生德、智、体、美、劳的全面发展。

　　本书主要包括新时代高校思想政治理论课的教学研究、教学理论探究、教学方法探索和教学模式优化与改革等四个方面，从理论与实践、纵向与横向、借鉴与创新相结合的角度，深入探索了高校思想政治理论课程的时代价值、基础理论、教学方法、教学模式，为遵循和运用高校思想政治理论课程建设规律，切实改进高校思想政治理论课的教学，不断地增强新时代高校思想政治理论课教学的吸引力、创造力和说服力，提供了有益启示。

　　本书在写作过程中参考了大量资料，在此对相关文献的作者表示感谢。书中存在的不足之处，敬请各位专家、学者、读者批评指正。

目　录

第一章　新时代高校思想政治理论课概述

第一节　大学生思想政治理论课程的内容构成

一、大学生思想政治理论课程内容的发展

从我国高等学校思想政治理论课程的发展来看，自中华人民共和国成立以来，我国高校思想政治理论课程的内容体系主要发生了四次重大的变化：一是马克思主义理论教育"老三门"方案。从中华人民共和国成立到1985年，马克思主义理论课在总体上维持"辩证唯物主义与历史唯物主义""政治经济学""中共党史"三门课程不变，但在文科学生的马克思主义理论课中，另加"国际共产主义运动史"课程。二是马克思主义理论教育"新三门"方案。从1985年至1998年，马克思主义理论课在总体上维持"中国革命史""中国社会主义建设""马克思主义原理"三门课程不变，但在文科学生的马克思主义理论课中，另开"当代世界经济政治与国际关系"课。三是马克思主义理论与思想品德课程"98"方案。这个方案持续时间为1998年至2005年。四是思想政治理论课程"05"方案。这个方案从2005年开始进行试点，2006年在全国范围内全面开展。

中共中央宣传部、教育部于2005年印发了《关于进一步加强和改进高等学校思想政治理论课的意见》（以下简称"5号文件"）及《<关于进一步加强和改进高等学校思想政治理论课的意见>实施方案》的通知（以下简称"9号文件"），明确规定了思想政治理论课程的设置和教学内容。

5号文件明确提出：要以马克思主义中国化的理论成果毛泽东思想、邓小平理论和"三个代表"重要思想为中心内容，完善思想政治理论课程体系。立足于对大学生进行系统的马列主义、毛泽东思想、邓小平理论和"三个代表"重要思想教育，进一步推动邓小平理论和"三个代表"重要思想进教材、进课堂、进大学生头脑工作，帮助学生掌握中国特色社会主义理论的科学体系和基本观点，指导学生运用马克思主义世界观和方法论去认识和分析问题。开展马克思主义人生观、价值观、道德观和法制观的教育，引导学生树立高尚的理想情操和养成良好的道德品质，树立体现中华民族优秀传统和时代精神的价值标准与行为规范。开展中国近现代史的教育，帮助学生了解国史、国情，深刻领会历史和人民是

怎样选择了马克思主义，选择了中国共产党，选择了社会主义道路。开展党的路线、方针和政策的教育，帮助学生正确认识国内外形势。

9号文件规定了课程教学的基本内容为：

"马克思主义基本原理"，着重讲授马克思主义的世界观和方法论，帮助学生从整体上把握马克思主义，正确认识人类社会发展的基本规律。

"毛泽东思想、邓小平理论和'三个代表'重要思想概论"，着重讲授中国共产党把马克思主义基本原理与中国实际相结合的历史进程，充分反映马克思主义中国化的三大理论成果，帮助学生系统掌握毛泽东思想、邓小平理论和"三个代表"重要思想基本原理，坚定在党的领导下走中国特色社会主义道路的理想信念。

"中国近现代史纲要"，主要讲授中国近代以来抵御外来侵略、争取民族独立、推翻反动统治、实现人民解放的历史，帮助学生了解国史、国情，深刻领会历史和人民是怎样选择了马克思主义，选择了中国共产党，选择了社会主义道路。

"思想道德修养与法律基础"，主要进行社会主义道德教育和法制教育，帮助学生增强社会主义法制观念，提高思想道德素质，解决成长成才过程中遇到的实际问题。

"形势与政策"课列为本、专科学生的必修课程。该课程是高校思想政治理论课的重要组成部分，在大学生思想政治教育中担负着重要使命，具有不可替代的重要作用。所以，"形势与政策"课必须坚持以马克思列宁主义、毛泽东思想、邓小平理论和"三个代表"重要思想为指导，牢固树立和认真落实科学发展观，针对学生关注的热点问题和思想特点，帮助学生认清国内外形势，教育和引导学生全面准确地理解党的路线、方针和政策，积极投身现代化建设的伟大事业。本课程讲授的主要内容应该包括：进行党的基本理论、基本路线、基本纲领和基本经验教育；进行我国改革开放和社会主义现代化建设的形势、任务和发展成就教育；进行党和国家重大方针政策、重大活动和重大改革措施教育；进行当前国际形势与国际关系的状况、发展趋势和我国的对外政策，世界重大事件及我国政府的原则立场教育；进行马克思主义形势观、政策观教育。

二、当代大学生思想政治理论课的主要内容

（一）当代大学生思想政治理论课内容确定的依据

1. 坚持马克思主义立场

马克思主义不但是高校思想政治理论课研究的指导思想，而且也是确定高校思想政治理论课内容的首要依据。思想政治理论课教学的观念指向和价值指向是显而易见的。马克思主义认为，思想政治理论属于上层建筑，是观念、意识形态的一部分。思想政治理论课教学主要就是思想政治理论的教育和传输，所以思想政治理论课内容如何选用、思想政治理论课如何分配，以及如何把思想政治理论的各种观点融入思想政治理论课的教学和实践中，就显得特别重要。然而，需要指出的是，教师不能错误地认为意识形态教育可以随意

地剪裁思想政治理论课内容，也不能不加选择、不加编排地把杂乱的理论观点和历史事实灌输给学生。意识形态教育是在马克思主义理论的指导下，以现实提出的问题为前提，以事实为基础，有选择地赋予思想政治理论课有意义、有价值的内容，对思想政治理论课教学做出合理的安排，使青年大学生认识中国社会历史发展规律，认识到思想政治理论课教学的必要性和现实的合理性，增强大学生对社会的认同感和对政治的支持。

2. 坚持现阶段党的基本路线

现阶段，党的基本路线即"一个中心，两个基本点"，其最核心的内容是以经济建设为中心。在马克思主义的观点中，经济是基础，政治是经济的集中表现，生产力是社会发展的最根本的决定性因素。在全党集中力量进行社会主义现代化建设的历史时期，发展社会生产力是党的最根本的任务、最大的政治任务。离开了经济建设这个中心和发展生产力这个根本任务，党的建设也就失去了正确的方向。虽然高校不完全是经济生产单位，但是要想发展经济就必须依靠教育，因为要使生产力得到又好又快的发展，首要的任务是先提高劳动者的素质。

当前，我国社会正处于市场经济体制从逐步确立到完善的发展阶段。体制转轨带来的影响涉及社会生活的各个方面，这些变化要求我们的思想观念和价值体系紧跟形势的发展。作为社会未来发展生力军的大学生，应逐步确立自主、平等、开放、竞争、法制意识，确立良好的社会人格和职业道德，在充满诱惑的社会生活中保持知荣辱、辨善恶的素质和品格。这也正是思想政治理论课教学的重要任务。随着经济全球化的深入发展，各国在经济、文化、教育等各方面的交流不断加强。这给我国的经济发展带来了前所未有的机遇。但是，西方发达资本主义国家对中国的文化渗透在冷战结束之后迅速增强，呈现出前所未有的力度、广度和深度，其传播方式也呈现出多样性和隐蔽性。在这种环境下，部分大学生的理想和信念出现了动摇，荣誉观念、奉献观念、社会全局观念在逐步淡化，社会离心力在不断滋生。对此，高校思想政治理论课教学对大学生学习马克思主义基本理论提出了更高的要求，强调学习马克思列宁主义要结合中国的具体实际情况，不折不扣地贯彻党的基本路线。

（1）党的基本路线为思想政治理论课内容的设置指明了方向

以经济建设为中心是党的基本路线的中心，在整个社会主义初级阶段，思想政治理论课教学必须紧紧围绕这个中心不放松，必须坚持四项基本原则不动摇。改革开放是强国之路，高校必须投身到改革开放的洪流中去。从本质上讲，改革开放就是要我们打开国门，学习世界上一切国家、一切民族的长处，利用人类文明的一切优秀成果来发展我们社会主义国家的生产力，提高人民的生活水平，增强社会主义国家的综合国力。教师在思想政治理论课教学过程中，对其他政党、国家、民族的东西，必须采取扬弃的态度，取其精华，去其糟粕，坚持思想政治理论课教学的正确方向。

（2）以符合党的基本路线的实践需要来改革思想政治理论课的教学内容

在思想政治理论课上，学生要综合学习和运用新的四门课程的知识，去研究建设中国特色社会主义这个主题。此外，思想政治理论课还应增加各地区、各部门如何服从、服务于党的基本路线，经济体制改革与政治体制改革，世界经济一体化与中国特色社会主义经济建设，世界政治的发展与中国肩负的社会主义历史使命，当代科学技术的新发展与我国社会主义经济建设及知识经济等方面的内容；使思想政治理论课教学内容紧紧围绕党的基本路线，保证党的基本路线的贯彻实施。

3. 立足于我国的现实状况，着眼于未来发展

（1）立足于我国的现实状况，设置思想政治理论课的教学内容

改革开放以来，我国生产力水平有了很大提高，综合国力明显增强，人民生活水平不断改善。然而，总的来说，我国人口多，底子薄，地区发展不平衡，生产力不发达的状况没有从根本上得到改变，我国现在仍然处于并将长期处于社会主义初级阶段。思想政治理论课教学在内容安排上必须让大学生认清一个客观事实：虽然我国现代化建设已取得举世瞩目的伟大成就，但是，我国生产力水平还远远落后于发达国家。我国必须在社会主义条件下经历一个相当长的历史阶段，去实现发达国家用了两三百年才实现的工业化和经济的社会化、市场化、现代化。思想政治理论课的教学内容要立足于我国的现实状况，进而帮助学生清醒地认识到自己肩负着国家富强、民族振兴的重任，使他们以国家繁荣、民族昌盛为己任，珍惜每一刻时间、把握每一个机会，发奋读书，立志成才，做社会主义现代化事业的建设者和接班人。

（2）着眼于未来发展趋势，设置思想政治理论课的教学内容

未来社会将比今天更进步、更文明，这是历史发展的必然。当今世界的进步首先表现在科学技术的迅猛发展上。世界科技发展速度惊人，新的技术不断涌现，并影响着人类的生活。社会实践证明，科技是推动经济发展的决定性因素，提升了我国的综合国力、改善了社会的经济结构，以及提高了人民的生活水平，并改变了人们认识客观世界的手段和方式，同时，给哲学、社会科学也带了来巨大的冲击。高校思想政治理论课必须让大学生深知，未来的科技飞速发展，未来的社会千变万化，要使中华民族自立于世界民族之林，他们不但要具有高度发达的科学技术，而且要具备高度发达的思维和很强的创造能力。人们在意识上适应形势发展的同时，还要对未来的发展做出前瞻性的预测，否则于国于己都是不利的。正如邓小平同志所说的："我们不但要看到近期的需要，而且必须预见到远期的需要；不但要依据生产建设发展的要求，而且必须充分估计到现代科学技术的发展趋势。"教育要从现代化建设、当今世界的特点及未来的发展趋势出发，培养大批合格人才。高校思想政治理论课教学亦是如此。思想政治理论课教学内容的设置要面向未来，面向现代化，必须着眼于知识经济的发展，以战略眼光重新审视思想政治理论课的教学目标和人才培养模式，把专业教育与普通教育、科学教育与人文教育、理论教育与科学研究及社会实践结合起来，以提高大学生的学习、就业、工作转化和创业能力，使大学生不仅学会"做事"，还要学会"做人"，学会"生存"。

4．从大学生的思想实际出发

随着对外开放和经济体制改革的不断深化，社会的政治、经济、文化生活都发生了翻天覆地的变化，个体的发展空间得以拓展。大学生思想活跃，博览群书。面对日趋激烈的社会竞争，他们更加崇尚求真务实。他们通过各种形式深入工厂、农村、城镇等社会生活的各个领域，了解社会的政治、经济、文化及人们生活的发展状况，亲身实践，力求从思想上、行动上赶上时代的步伐。当代大学生更注重知识的学习和能力的培养，注重自我价值、自我设计的实现，以便在未来的市场竞争中确立自己的支点。这时，教师如果仍按过去一成不变的思想政治理论课内容和方法对大学生进行教育，脱离市场经济条件下大学生关注的热点，只会引起学生的轻视，甚至反感。只有从大学生的思想实际出发，从大学生的切身利益出发，将思想政治理论教育教学建立在大学生关注的热点问题上，思想政治理论课才会受到大学生的欢迎，才能达到思想政治理论教学的目的。

变化的时代要求高校思想政治理论课的教学内容要有针对性，即教学内容要反映国内外的重大现实问题以及大学生的思想和实际问题，从大学生的思想实际和切身利益出发，及时充实和调整思想政治理论教育的内容体系。在继承传统教育内容精华的同时，思想政治理论教育要体现出新时期对大学生素质的新要求，注意增加一些具有大学生个体特殊性的，能有效缓解其思想矛盾、心理冲突、情感困惑等问题的相关内容，促进大学生成长、成才、成功。

（二）新时期高校思想政治理论课的主要内容

新时期高校思想政治理论课的主要内容包括马克思主义教育，基本国情和形势与政策教育，党的基本理论与基本经验教育，世界观、人生观和价值观教育，道德观和法制观教育，以及历史观教育，等等。

1．马克思主义教育

高校思想政治理论课的马克思主义教育包括马克思主义立场教育、马克思主义的观点和方法教育等内容。

（1）马克思主义立场教育

在当前社会主义市场经济条件下，马克思主义立场教育主要是用马克思主义占领高校思想政治理论课程教学的阵地，坚定学生的社会主义信念。

马克思主义是无产阶级和人民群众的思想武器，代表无产阶级和人民群众的利益。这种鲜明的党性和阶级性，使得我们在思想政治理论课程教学中始终不能丢弃这个武器。在纷杂多变的社会生活中，我们要始终坚持用马克思主义占领思想阵地，把巩固发展社会主义意识形态的任务落到实处，要坚持不懈地对干部群众进行马克思主义基本理论的教育，旗帜鲜明地同各种错误思潮作斗争。

在社会主义初级阶段，马克思主义与反马克思主义、唯物主义与唯心主义、无神论与有神论、科学与伪科学的斗争将是长期的、复杂的、激烈的。在思想理论领域，对于事关政治原则、政治方向的问题，我们必须旗帜鲜明、立场坚定、分清是非；对于反马克思主义、唯心主义、有神论、伪科学等错误思潮，绝不能听之任之，绝不允许这些错误的思潮与我们争夺群众、争夺思想阵地。我们要密切关注社会政治方向，分析各种错误思潮的形成、传播、蔓延等现象，不断提高我们的政治敏锐性和鉴别力，坚决同各种错误思潮和封建迷信、伪科学等社会丑恶现象作斗争。

在当前和今后一个相当长的时期内，我们要坚定社会主义信念。我们应当充分肯定社会主义已经取得的历史成就，全面认识中华民族的伟大复兴与社会主义的胜利前进之间的关系，看到社会主义必然胜利的光辉前景。因此，我们有理由坚信社会主义的前途是无比广阔的，坚定社会主义信念是非常必要的。

（2）马克思主义的观点和方法教育

辩证唯物主义和历史唯物主义的世界观是马克思主义观点的集中体现。用这种观点看待事物、分析和解决问题的理论，就是方法论。当前，进行马克思主义观点和方法的教育，最重要的是树立辩证思维的观念，教育学生辩证地看待传统观念，教育学生辩证地看待新出现的观念，教育学生辩证地看待外来观念，教育学生辩证地否定旧观念、肯定新观念，克服主观性、片面性、随意性。在思想政治理论课程教学中，帮助学生端正各种思想认识，这有利于实现思想政治理论课程教学的观念创新。

在思想政治理论课程教学中，无论是对旧观念的否定，还是对新观念的肯定，都切忌绝对化。我们应当看到，新观念与旧观念虽有质的区别，但有着千丝万缕的联系。旧观念中包含着对形成新观念有积极意义的东西，新观念也有可能转化成旧观念。因此，我们应当运用辩证思维方法，科学地去粗取精、去伪存真，才能实现观念的创新。

2. 基本国情和形势与政策教育

形势与政策教育，历来是党的思想政治理论课教学的一个重要内容，也是我党思想政治理论课教学的一个优良传统。形势教育主要包括国内形势教育和国际形势教育。形势教育可以使学生学会正确认识和分析形势，正确理解党的路线、方针、政策，坚决完成党和国家的各项任务，增强学生对发展社会主义事业的信心。政策是实现党的路线的行动准则，是党的一切实际工作的出发点。政策教育可以使人们在社会生产、社会生活的实践中，做到更加理性、心中有数，使人们的思想、行为自觉地与党和政府的政策导向保持一致。

（1）当前基本国情和形势教育

我们要以一种辩证的观点来看待当前的基本国情和形势，既不能妄自尊大、盲目乐观，也不能悲观失望、缺乏信心。改革开放以来，我国经济实力的迅速增强，我国在国内和国际经济发展的形势总体向好：我国人均国民生产总值逐年递增，GDP 从整体上已经达到小康水平；我国正在从人口大国向人力资源大国转变；经济体制转轨与社会结构的转型同时进行，使我国实现了跨越式的发展；经济全球化的影响已渗透到我国的生产、流通、金融、能源以及服务业，逐步成为影响我国经济社会生活的一种特殊力量。

然而，当前中国经济社会发展也面临不少困难和挑战，党的十九大报告指出："发展不平衡不充分的一些突出问题尚未解决，发展质量和效益还不高，创新能力不够强，实体经济水平有待提高，生态环境保护任重道远；民生领域还有不少短板，脱贫攻坚任务艰巨，城乡区域发展和收入分配差距依然较大，群众在就业、教育、医疗、居住、养老等方面面临不少难题；社会文明水平尚需提高；社会矛盾和问题交织叠加，全面依法治国任务依然繁重，国家治理体系和治理能力有待加强；意识形态领域斗争依然复杂，国家安全面临新情况；一些改革部署和重大政策措施需要进一步落实；党的建设方面还存在不少薄弱环节。这些问题，必须着力加以解决。"

（2）当前相关政策教育

第一，目标要明确。形势与政策教育，可以使大学生认清国际国内形势，认同党和国家的大政方针与政策，认清形势发展的趋势与大局，最终树立科学的形势政策观；激发学生的爱国爱校情感，增强他们的民族自信心和社会责任感，使他们珍惜和维护稳定的大局，确立建设中国特色社会主义的理想信念。

第二，形式要丰富。2005年，浙江省建立了领导干部向大学生做形势政策报告制度和省领导联系高校制度。这种思想政治理论教学形式既正式又有趣，有助于大学生了解国内外相关政策。当下，思想文化激荡碰撞，社会思潮跌宕起伏，大学生思维活跃，他们树立的志向和信念，攸关国家和民族未来发展。政策教育已经不再是简单地读报纸、讲报纸，也不是站在所谓纯客观、纯中立的价值观的立场上来讲评国内外某些重大事件。对于大学生来说，他们对知识和信息的接受有了更高层次的判断和衡量指标。我们需要通过形势与政策教育教给他们的，也不仅仅是对这些事件全面准确的了解，而是要对它发生的背景、现状及其发展的趋向有比较深入的理论思考、理论分析。

第三，内容要新颖。形势与政策教育的关键在于其内容的"新鲜度"，只有那些具有时效性、紧跟当下形势的信息才能成为大学生形势与政策教育的主体内容。"新形势下，党面临的执政考验、改革开放考验、市场经济考验、外部环境考验是长期的、复杂的、严峻的。"

国际国内形势、政策的深刻变化，使大学生思想政治理论教育既面临有利条件，也面临严峻挑战。有效的形势与政策教育能帮助学生确立正确的政治立场，认清形势发展的趋势与大局。形势与政策教育有着很强的导向性、政策性和时效性，内容生动鲜活，形式丰富多样，是对理想信念教育、爱国主义教育的有利补充。

3. 党的基本理论和基本经验教育

（1）党的基本理论教育

中国共产党第十九次全国代表大会确立了习近平新时代中国特色社会主义思想的历史地位，提出了新时代坚持和发展中国特色社会主义的基本方略。大会通过的党章修正案，把习近平新时代中国特色社会主义思想同马克思列宁主义、毛泽东思想、邓小平理论、"三个代表"重要思想、科学发展观一道确立为党的行动指南。

中国共产党第十九次全国代表大会报告中指出："十八大以来，国内外形势变化和我国各项事业发展都给我们提出了一个重大时代课题，这就是必须从理论和实践结合上系统回答新时代坚持和发展什么样的中国特色社会主义、怎样坚持和发展中国特色社会主义，包括新时代坚持和发展中国特色社会主义的总目标、总任务、总体布局、战略布局和发展方向、发展方式、发展动力、战略步骤、外部条件、政治保证等基本问题，并且要根据新的实践对经济、政治、法治、科技、文化、教育、民生、民族、宗教、社会、生态文明、国家安全、国防和军队、'一国两制'和祖国统一、统一战线、外交、党的建设等各方面作出理论分析和政策指导，以利于更好坚持和发展中国特色社会主义。围绕这个重大时代课题，我们党坚持以马克思列宁主义、毛泽东思想、邓小平理论、'三个代表'重要思想、科学发展观为指导，坚持解放思想、实事求是、与时俱进、求真务实，坚持辩证唯物主义和历史唯物主义，紧密结合新的时代条件和实践要求，以全新的视野深化对共产党执政规律、社会主义建设规律、人类社会发展规律的认识，进行艰辛理论探索，取得重大理论创新成果，形成了新时代中国特色社会主义思想。"

（2）党的基本经验教育

党的领导在中国特色社会主义建设的实践中，励精图治、与时俱进，积累了宝贵的经验。党的十八大报告指出："坚持以马克思列宁主义、毛泽东思想、邓小平理论、'三个代表'重要思想为指导，勇于推进实践基础上的理论创新，围绕坚持和发展中国特色社会主义提出一系列紧密相连、相互贯通的新思想、新观点、新论断，形成和贯彻了科学发展观""……必须把科学发展观贯彻到我国现代化建设全过程、体现到党的建设各方面。全党必须更加自觉地把推动经济社会发展作为深入贯彻落实科学发展观的第一要义，牢牢抓住经济建设这个中心，坚持聚精会神搞建设、一心一意谋发展，着力把握发展规律、创新发展理念、破解发展难题，深入实施科教兴国战略、人才强国战略、可持续发展战略，加快形成符合科学发展要求的发展方式和体制机制，不断解放和发展社会生产力，不断实现科学发展、和谐发展、和平发展，为坚持和发展中国特色社会主义打下牢固基础。必须更加自觉地把以人为本作为深入贯彻落实科学发展观的核心立场，始终把实现好、维护好、发展好最广大人民根本利益作为党和国家一切工作的出发点和落脚点，尊重人民首创精神，保障人民各项权益，不断在实现发展成果由人民共享、促进人的全面发展上取得新成效。必须更加自觉地把全面协调可持续作为深入贯彻落实科学发展观的基本要求，全面落实经济建设、政治建设、文化建设、社会建设、生态文明建设五位一体总体布局，促进现代化建设各方面相协调，促进生产关系与生产力、上层建筑与经济基础相协调，不断开拓生产发展、生活富裕、生态良好的文明发展道路。必须更加自觉地把统筹兼顾作为深入贯彻落实科学发展观的根本方法，坚持一切从实际出发，正确认识和妥善处理中国特色社会主义事业中的重大关系，统筹改革发展稳定、内政外交国防、治党治国治军各方面工作，统筹城乡发展、区域发展、经济社会发展、人与自然和谐发展、国内发展和对外开放，统筹各方面利益关系，充分调动各方面积极性，努力形成全体人民各尽其能、各得其所而又和谐相处的局面。"

以上经验，是党领导人民在中国特色社会主义建设实践中艰辛探索得出的结论，是我们党宝贵的政治财富。我们相信，只要牢牢记住这些宝贵的经验并认真实践，一百年不动摇，我们就能在治党、治军、治国中稳操胜券，永远立于不败之地。

4. 世界观、人生观和价值观教育

（1）世界观教育

世界观是人们对整个世界总的看法和根本观点。在改造客观世界的实践活动中，随着对客观世界认识的不断增强和知识的不断积累，人们会形成对世界总的看法，形成一定的世界观。世界观形成以后，又会支配着人们的认识和行动。但人们在日常生活实践中自发形成的世界观往往是不系统的，是缺乏理论论证的，且有正误之分。正确的世界观可以指导人们进行正确的实践，从而对社会发展起促进作用；而错误的世界观，则与之相反。因此，思想政治理论课教学的一个重要任务，就是要以科学、系统的世界观武装人们的头脑，使人们在改造世界的过程中，减少盲目性，增强自觉性。

马克思主义世界观是科学、系统的世界观，是迄今为止总结人类已有的思想成果、反映世界的本质面目和发展规律，指导人们能动地改造自然和社会，并被实践反复证明的世界观。用马克思主义世界观教育我国大学生，是当前社会主义市场经济下思想政治理论课教学的基本任务之一。

（2）人生观教育

人们对人生基本问题的根本观点就是人生观。它以人生为对象，是人们对人生意义、人生目的和人生价值的理解和看法。在社会生活中，作为社会动物的人都会有自己对人生的体验和理解，都会对自身境遇和命运进行思考，并在这些体验和思考的基础上形成对生活的根本看法和总的观点。人们在生活实践中自发形成的人生观往往是零乱、不系统、缺乏科学论证的。此外，人生观是人们所处的一定历史条件和社会关系相结合的产物，是人们对社会生活的反映。社会生活实践不同，人的人生观也会不同。当然，现实的人生观也有积极进取和消极颓废之分。这就需要我们对大学生进行人生观教育，引导他们走上正确的人生之路。

现阶段，高校通过思想政治理论课教育对大学生进行的人生观教育，应着重帮助他们厘清个人与社会的关系、贡献与索取的关系、理想与现实的关系。

（3）价值观教育

价值观是指人们对实际存在和可能存在的主客体之间的价值关系、主体的价值创造活动及其结果的性质和意义在头脑中的反应，以及由此形成的比较确定的心理和行为取向或心理和行为定式。它是人们在一定环境中产生的动机、目的、需要和情感意志的综合体现。价值观一旦形成，就会对人们的认识和实践活动产生作用。人们的一切社会行为和活动方式，都会受到价值观的规范和调节；人们的认识和实践活动，都是在一定的价值观的指导下进行的。

社会主义市场经济存在着多种经济成分和多种利益主体，因此，不可避免地存在着多元的价值观和价值取向。对此，我们要有清醒的认识，并对大学生施以正确价值观的引导。当前，高校思想政治理论课教育中对大学生进行的价值观教育，应着重抓好义利观教育、荣辱观教育、苦乐观教育、生死观教育等。

5. 道德观和法制观教育

道德观是在一定社会条件下人们关于道德问题的基本认识和观点。作为一种上层建筑和社会意识形态，道德是社会历史的产物，也是一定社会存在的反映。作为人们的共同生活准则和规范的道德一旦形成，便会对社会生活产生重大的影响，对经济的发展和政权的巩固具有巨大的作用。"思想道德修养与法律基础"课是高校思想政治理论课的重要组成部分。该课程以社会主义核心价值观教育为主线，以爱国主义教育、道德教育和法制教育为重点，以大学生全面发展为目标，帮助学生解决成长成才中遇到的实际问题。该课程通过综合运用相关学科知识，遵循大学生成长的基本规律，引导大学生坚定理想信念，使其形成良好的思想道德品质，增强爱国意识、法制意识，树立正确的世界观、人生观和价值观，成为有理想、有道德、有文化、有纪律的中国特色社会主义事业的合格建设者和可靠接班人。人生观、道德观教育，可以帮助学生树立正确的世界观、人生观、价值观，增强道德意识，养成良好的社会公德、家庭美德、个人品德，加强职业道德修养，掌握职业道德规范，使其自觉做讲道德、遵道德、守道德的优秀公民。

法制观教育是指人们对统治阶级制定的各种法律制度的基本认识和看法。法制是统治阶级根据自己的意志，通过政权机关而建立起来的，它包括一个国家的全部法律、法规以及立法、执法、司法、守法和法律监督。法制一旦建立，就具有权威性和强制性，所有公民都必须服从和遵守。因此，进行法制观念教育是高校思想政治理论课教学的一项重要内容。社会主义法制教育，可以帮助学生增强法治观念和宪法意识，自觉学法遵法守法用法，使其成为社会主义法治的忠实崇尚者、自觉遵守者、坚定捍卫者。

6. 历史观教育

历史是一面镜子。古人云："以铜为鉴，可正衣冠；以古为鉴，可知兴替；以人为鉴，可明得失。"在高校思想政治理论课的历史观教学中，"史"主要包括我国的历史和世界各国的历史。历史蕴含着人类的知识和智慧，承载着不断进步与发展的人类文化，是人类文明得以不断前进的基石。世界各国无不重视对自己的国家史、民族史的研究和教育。重视历史，以史为鉴，积极弘扬民族文化以促进社会进步，是中华民族的优良传统。历史教育主要就是历史观的教育，所以，高校思想政治理论课教育中的历史观教育，必须充分认识到思想政治理论课程中各门课程的整体性和体系性特征，从不同的侧面和方向展开各门课程的教学工作，最终达到同一个目的。高校开设的各种与中国近现代史有关的课程，主要从革命史和党史的视角向青年学生展现中国近现代史的发展主线，具有明确的意识形态和政治导向。中国近现代史教育的重要作用之一就是帮助青年学生通过历史常识正确地认识现实。

第二节　高校思想政治理论课教学的重要论述

2004 年，中共中央、国务院下发《关于进一步加强和改进大学生思想政治教育的意见》（以下简称《意见》）。其中，关于高校思想政治理论课教学的重要论述，对高校思想政治理论课教学的发展和创新具有重要价值：一是进一步确立和巩固了高校思想政治理论课的教学地位；二是进一步充实和提炼了高校思想政治理论课的教学内容；三是进一步归纳和整合了高校思想政治理论课的教学方法；四是进一步强调和关注了高校思想政治理论课教师的素质。这些重要论述是我们进一步深化高校思想政治理论课教学发展与改革的科学指南。

习近平总书记在全国宣传思想政治工作会议、全国高校思想政治工作会议、全国教育大会等一系列重要会议中，多次提到并回答了高校思想政治教育问题，且观点鲜明、内涵丰富、说理透彻，为高校思想政治理论课教学的创新发展提供了实践指导。2019 年 3 月 18 日，习近平总书记在北京主持召开学校思想政治理论课教师座谈会并发表重要讲话，他强调："办好思想政治理论课，最根本的是要全面贯彻党的教育方针，解决好培养什么人、怎样培养人、为谁培养人这个根本问题。"讲话内容充分体现了我国新时期、新阶段对高校思想政治理论课的重要地位和关键内容的重要论断。纵观这些论述，其重要价值主要体现在以下几个方面：

一、进一步确立和巩固了高校思想政治理论课的教学地位

我国社会发展已进入新的历史时期，社会主要矛盾也发生了深刻转变。在新的社会历史背景下，面对世情、国情、党情的深刻变化，人们的思想问题层出不穷，思想政治教育的地位和作用日益凸显出来。高校作为人才培养和主流价值观念倡导的主阵地，其思想政治理论课教学的地位也尤为突出。高校思想政治理论课教学，最根本的就是要全面贯彻落实党的教育方针，深刻揭示高校思想政治理论课对培养社会主义建设者和接班人的重要性，诠释高校思想政治理论课教学的关键任务和重要目标。

思想政治理论课不仅是高校贯彻落实立德树人根本任务的关键性课程，也是新时代背景下铸魂育人的重要课程。当前国内外发展局势、多种社会思潮、纷繁复杂的思想文化、飞速发展的互联网技术不断冲击和解构马克思主义的指导地位，同时也影响着青年学生价值观的确立。面对这种情况，我们必须立足于中国特色社会主义事业的长远发展，讲好思想政治理论课，坚持马克思主义理论的指导地位，坚持社会主义核心价值观，发扬社会主义先进文化，引导学生增强"四个自信"，激励学生把爱国情、强国志自觉地融入建设社会主义现代化强国的实践，为中国梦的实现作出贡献。这有利于我们从更加宏观、更加长

远、更加广阔的视角认识思想政治理论课教学的地位和作用，使之成为具有中国特色社会主义的骨干课程。

二、进一步充实和凝练了高校思想政治理论课的教学内容

在高校思想政治理论课教学过程中，教学内容对思想政治理论课教学效果起着至关重要的作用。习近平总书记在学校思想政治理论课教师座谈会上强调："推动思想政治理论课改革创新，要不断增强思政课的思想性、理论性和亲和力、针对性。要坚持政治性和学理性相统一，以透彻的学理分析回应学生，以彻底的思想理论说服学生，用真理的强大力量引导学生。要坚持价值性和知识性相统一，寓价值观引导于知识传授之中。要坚持建设性和批判性相统一，传导主流意识形态，直面各种错误观点和思潮。要坚持理论性和实践性相统一，用科学理论培养人，重视思政课的实践性，把思政小课堂同社会大课堂结合起来，教育引导学生立鸿鹄志，做奋斗者。"

（一）思想政治理论课教学要以马克思主义理论为指导思想和理论基础

一段时间以来，受外部社会环境的影响，部分党员同志及任课教师放松了对马克思主义理论的学习，也放松了对青年学生的马克思主义理论内容的教育，导致部分青年学生思想上出现困惑，观念上出现混淆。因此，我们要不断加强马克思主义理论教育，通过不断学习和掌握马克思主义的立场、观点、理论及方法，引导青年学生将课堂教学内容融入现实生活中；在丰富和发展高校思想政治理论课教学内容时，要始终坚持以马克思主义和马克思主义中国化的理论成果为导向，确保其在内容体系中的核心作用和导向性作用。在教学实践中，要把马克思主义理论作为高校思想政治理论课教学的重要内容，就必须强化马克思主义对青年学生"三观"的影响。

（二）高校思想政治理论课教学内容要以社会主义核心价值观为重要支撑

核心价值观，承载着一个民族、一个国家的精神追求，体现着一个社会评判是非曲直的价值标准。随着各国经济和文化实力的竞争、国家间意识形态的激烈碰撞，西方意识形态和价值观念流入中国，对我国主流意识形态形成威胁。此外，全球化浪潮的强烈冲击、市场经济发展面临的困境、互联网时代的价值挑战，以及多元文化交织引发的价值选择困惑，使社会主义核心价值观的作用日益凸显。因此，要迎接这些挑战和解决学生的困惑，高校思想政治理论课就要加强社会主义核心价值观内容的教育；要用社会主义核心价值观教育学生，引导他们"扣好人生的第一粒扣子"；要把社会主义核心价值观作为高校思想政治理论课教学的红线和主线。这样不仅有利于夯实和创新高校思想政治理论课的教学内容，同时也有利于深化大学生思想政治教育的理论体系，使其成为大学生衡量自我社会行为的标准，在学生内心形成坚定的理想信仰，从而促进整个社会精神文明水平的提高。

（三）思想政治理论课教学内容必须具有时代性、亲和力和针对性

发展 21 世纪马克思主义、当代中国马克思主义，必须立足中国、放眼世界，保持与时俱进原则。与时俱进是马克思主义理论的重要品质，改革的不断深入和社会的不断发展，要求思想政治理论课教学内容必须与时代发展紧密相连。这就需要将马克思主义中国化的最新成果融入高校思想政治理论课教学内容，使教学内容体现时代主题，展现时代精神，构建一整套真正反映新时代高校思想政治理论课最新研究成果的教材体系。高校思想政治理论课要用马克思主义中国化的最新理论成果诠释社会热点，回答学生关心的理论难点和社会焦点等问题，激发学生的时代责任感，培养学生与时俱进的精神，使思想政治理论课教学彰显思想性又体现时代性，突出严肃性又展现活泼性，从而培养有时代担当的社会新人。

三、进一步归纳和整合了高校思想政治理论课的教学方法

教学方法是高校思想政治理论课常谈常新的话题，思想政治理论课教学必须遵循思想政治工作规律、教书育人规律、学生成长规律，才能实现因事而化、因时而进、因势而新的目标。

（一）道德文化熏陶法

在教学实践中，教师可以深入挖掘传统优秀文化，引经据典，合理运用《论语》《道德经》以及优秀典籍著作丰富思想政治理论课的内容，还可以利用古代先贤事迹，或借助漫画、歌剧、话剧、戏曲等多样的文化形式，以及互联网、移动媒体等学生喜闻乐见的方式丰富思想政治理论课教学的方法和形式，实现以文化人、以文育人的教育效果。思想政治理论课教学应扎根传统文化和历史发展故事，在传统的道德文化中寻找答案，从而使青年学生见贤思齐，在道德文化的感召下受到潜移默化的熏陶和感染。同时，教师应善于把弘扬优秀传统文化与创新发展现实文化有机统一起来，努力实现优秀传统文化在继承中发展、在发展中继承的重要目标。

（二）读书学习法与实践教育法相结合

读书学习法能够帮助大学生掌握先进的理论与思想，接受理论思想的熏陶与洗礼；实践教育法则可以使大学生把先进的理论思想转化为实践行动及物质力量，从而提高大学生的实践能力，增强大学生的文化自信。首先，教师应当在思想政治理论课教学过程中，激发学生的读书积极性，使其感受到读书的乐趣，并通过读书分享会等实践方式，分享读书心得、推荐优秀读物，让青年学生在读书学习的过程中掌握社会发展规律、社会发展动态以及党的政策方针和相关内容。其次，思想政治理论课教学还需要把握实践教学的重要地位，使学生认识到"一切学习都不是为学而学，学习的目的全在于应用"，学习要做到"内化于心、外化于行"，在实践中求真知、悟真谛。

（三）显性教育与隐性教育相结合

显性教育和隐性教育在思想政治理论课教学过程中的地位是极其重要的。显性教育方式多呈现外显性、直接性、组织性和计划性等特点；隐性教育方式多呈现间接性、隐蔽性和灵活性等特点。思想政治理论课教学应该从改革创新的角度，挖掘其他课程和教学方式中蕴含的思想政治教育资源，将主渠道教学与其他日常思想政治教育相结合，使"思想政治理论课程"和"课程思政"相一致，课堂内外、线上线下相融合，形成合力教育教学的良好局面。同时，在教学过程中，高校思想政治理论课教学需通过战略性的布局和规划、具体的教学设计，切实提高隐性教育的比例，让学生在"无意识"中接受教育。高校应把立德树人作为中心环节，利用好课堂教学的主渠道，在改进中增强思想政治教育的亲和力与针对性，从而更好地满足学生成长和发展的需求。

四、进一步强调和关注了高校思想政治理论课的教师素质

习近平总书记在学校思想政治理论课教师座谈会上强调："办好思想政治理论课关键在教师，关键在发挥教师的积极性、主动性、创造性。"当前，我们要重点关注思想政治理论课教师以下三个方面的素质：

（一）守正

科学推进马克思主义理论教育，真正让高校思想政治理论课教学"实"起来。作为大学生掌握和学习马克思主义理论教育的主渠道，以及落实立德树人根本任务的核心课程，高校思想政治理论课始终聚焦认知、能力和情感三维育人目标。高校思想政治理论课教师要坚持马克思主义理论的主导思想，全面贯彻党的教育方针，传播马克思主义科学理论，做好马克思主义教育工作。做好这一切的前提就是教师自己要真学、真懂、真信、真用马克思主义。同时，广大思想政治理论课教师在教学工作中，还要以马克思主义理论研究和建设工程统编教材为基本指针，根据学生的不同特点，以个性化的风格，引导学生从理论学术层面去探究教材中存在的一系列问题，通过批判性和建设性的学术思维锻炼，引导学生认同教材的重点判断与命题观点，进而使学生从更深层的角度把握教材内容，从而达到系统建构理论体系的目标。教师要敢于和善于打破框架、汇聚新意、挖掘亮点，运用更多贴近学生生活的方式来传授马克思主义理论知识。对于历史虚无主义、极端个人主义、文化复古主义等错误观点、错误思潮，思想政治理论课教师必须深刻剖析和批判，引导学生坚定理想信念、确立正确的价值观念。

（二）创新

思想政治理论课教学要坚持"八个相统一"，不断增强思想政治理论课的思想性、理论性、亲和力和针对性。为此，思想政治理论课教师要按照创新发展的总要求，了解学生的所思所想，运用辩证唯物主义和历史唯物主义的思想，创新课堂教学形式。教师应当准

确把握学生的思想共鸣点、情感出发点、理论渴望点、学习困惑点，推进教学方法和教学方式的双重创新。思想政治理论课教师要充分利用现代教学方法，综合运用研究式、辩论式、实践式等教学方法，把历史观、价值观、国情观、现实观等有机融合在课堂教学实践中，积极调动广大学生学习思想政治理论课的兴趣和热情。教师要善于运用互联网和大数据网络手段，丰富线上线下教育渠道和教育载体，将传统教育方式同信息技术高度融合，建设教育网络空间，增强思想政治理论课堂的时代感和吸引力，使学生真正有所思、有所获。

（三）自强

我们要切实推进思想政治理论课教师队伍建设，真正让高校思想政治理论课教学"强"起来。而要想让思想政治理论课"强"起来，首先思想政治理论课教师自身必须"强"起来。思想政治理论课教师是高校教师队伍中的一支重要力量，是实现思想政治理论课教学目标、改进教学效果的人才保障，是马克思主义理论知识的传授者、信仰的引领者、思想疑惑的解答者，是党的最新理论思想、方针政策的宣讲者，是大学生健康成长的指导者和引路人。因此，教师队伍的壮大和教师队伍素质的提升对思想政治理论课教学质量的提高起着至关重要的作用。思想政治理论课教师队伍应当具备过硬的马克思主义理论素养，保持坚定的政治立场、高尚的师德师风、过硬的育德能力。各高校也要以新时代的指导思想为引领，打造一支"又红又专"的高校思想政治理论课教师队伍，注重汇聚一流的人才资源，形成马克思主义理论学科可持续发展的动力，实现高校思想政治理论课教学"强效"目标。

第三节　当代大学生思想政治理论课的教学要求

一、理论联系实际

（一）理论联系实际的含义

高校思想政治理论课坚持理论联系实际，包括两层含义：一是在课堂教学环节，教师把基本理论与客观实际联系起来，使学生真正理解和掌握基本理论，并能够运用基本理论分析和解决实际问题；二是在实践教学环节，教师既要坚持用发展着的马克思主义武装大学生的头脑，又要坚持以丰富的实践培育大学生，即坚持理论武装与实践教育的统一，保证大学生成长为中国特色社会主义事业的合格建设者和接班人。

（二）理论联系实际的基本要求

由于思想政治理论课本身的特点和其要实现的教学目标的特殊性，这一要求的运用显得尤为重要。通过理论联系实际，教师可以避免教学中教条化、公式化的倾向，能否运用和恰当运用该要求直接决定着思想政治理论课程能否实现教学目标。

1. 联系理论本身形成、发展的实际

思想政治理论课教学，首先要使学生理解基本理论形成、发展的过程，而不是空中楼阁。当教授基本理论时，教师要把理论产生的背景，包括时代背景、社会背景、理论创立者的背景等交代清楚，这可以使学生有一种回到理论产生的场景中的感觉，容易引发学生思考。

2. 联系学生的实际

因材施教是任何学科教学都要遵循的一般性教学原则。所谓因材施教，即对不同的教育对象提出不同的要求，采用不同的教育方法，也就是根据"材"的实际施行一定的教育。就思想政治理论课程教学而言，教师应联系学生的实际，根据学生的实际情况有针对性地进行教学。

第一，联系学生的实际，就要先了解学生的实际，包括了解学生的专业实际，了解学生的生活实际，了解学生的知识水平和认识能力，了解学生的思想实际，了解学生的个性差异，等等。

第二，思想政治理论课程是高校每个专业的必修课程，了解学生的专业实际，即教师要尽量多了解一些该专业的情况，以便列举更贴近学生专业实际的例子。这样，学生对相关教学内容的理解就更有亲切感，更易体会教学内容的现实价值，更易接纳相关的理论观点。

第三，了解学生的生活实际。教师要考虑到每个专业、每个班级学生的情况。学生都来自全国各地，每个人的个人经历、家庭背景不同，生活习惯也存在差异。教师把握好这些差异和共同点，教学才能有的放矢。

3. 联系教师的实际

思想政治理论课理论联系实际的效果如何，主要取决于教师。联系哪些实际，怎样联系实际都由教师决定。教师只有同时做到以理服人和以情感人，学生才会心甘情愿地接受教育。联系教师的实际就是联系教师在"理"和"情"两方面的实际。教师自身要明理，掌握真理，信仰真理，同时对教学要投入真实的情感。只有真正信仰真理，情感才会自然地流露出来，这种情感是无法伪装的。

4. 联系社会的实际

联系社会的实际包括联系以往的社会实际和当下的社会实际。联系以往的社会实际即联系历史，包括世界历史和中国历史。联系当下的社会实际即联系当代世界的形势和中国的现实国情，重点应放在联系党的路线、方针、政策，联系改革开放和社会主义现代化建设，尤其要联系重大现实问题，包括很多敏感问题、热点问题。

思想政治理论课之所以要联系历史，是因为思想政治理论课教学要经常用到比较分析和历史分析的教学方法。有比较才有鉴别，马克思主义理论也是如此。因此，教师不能把目光仅仅局限在马克思主义体系内，要放开眼界，把马克思主义放到整个人类的历史长河中，通过与其他理论的比较，证明马克思主义的科学性。思想政治理论课之所以要联系现实，是因为现实就是大学生现在学习、生活、工作的大背景。在世界多极化和经济全球化的趋势不断发展，科技革命日新月异，综合国力竞争日趋激烈的背景下，大学生面临大量西方文化思潮和价值观念的冲击，受某些腐朽没落的生活方式的严重影响，因此，需要加强思想政治理论教育。

随着我国对外开放的不断扩大，社会主义市场经济的深入发展，社会生活发生了很大的变化：社会经济成分、组织形式、就业方式、利益关系和分配方式日益增多，人们思想活动的独立性、选择性、多变性和差异性日益增强。这些都是高校思想政治理论课无法回避的问题，教师只有对其进行细致而深入的研究，才能做到从实际出发，理论联系实际，对大学生的思想困惑给予现实的、有价值的解答。

二、坚持政治性与科学性的统一

（一）高校思想政治理论课的政治性与科学性

高校思想政治理论课的政治性是指课程的政治指向性。党的十九大报告强调："……明确中国特色社会主义最本质的特征是中国共产党领导，中国特色社会主义制度的最大优势是中国共产党领导，党是最高政治领导力量，提出新时代党的建设总要求，突出政治建设在党的建设中的重要地位""坚持党对一切工作的领导。党政军民学，东西南北中，党是领导一切的。"这说明开好、讲好高校思想政治理论课的根本保证是且只能是党的领导。离开或者弱化了党的领导，都会使思想政治理论课迷失方向，带来混乱，伤害学生。我们要的是风清气正、思辨有序的思想政治理论课堂，而这样的课堂需要牢牢坚持好、贯彻好、落实好党的领导。高等学校开设思想政治理论课的目的就是对大学生进行思想政治教育，使大学生具备适应社会发展的思想政治品德。

思想政治理论课的科学性是指课程的真理性和规律性。就课程教学而言，其科学性包括教学内容的科学、教学方式方法的科学及教师队伍的科学。其中，教师队伍的科学是指教师队伍年龄结构、学历结构以及每位教师的知识结构要合理。

政治性与科学性的统一，是由思想政治理论课的特殊性决定的，即思想政治理论课强烈的政治性与显著的科学性两方面必须坚持统一，且与高校的培养目标是一致的。政治性与科学性的统一，是优化教学效果的必然选择。

（二）坚持政治性与科学性统一的要求

1. 高举中国特色社会主义伟大旗帜，以马克思列宁主义、毛泽东思想、邓小平理论、"三个代表"重要思想、科学发展观、习近平新时代中国特色社会主义思想为指导

马克思列宁主义、毛泽东思想、邓小平理论、"三个代表"重要思想、科学发展观、习近平新时代中国特色社会主义思想是中国共产党的指导思想。党的十八大以来，以习近平同志为核心的党中央高度重视思想政治理论课建设，作出一系列重大决策部署，思想政治理论课建设在改进中不断加强，课堂教学状况显著改善，大学生学习思想政治理论课的

获得感明显增强。中国特色社会主义进入新时代，对高校思想政治理论课发挥育人主渠道作用提出了更高的要求。高校思想政治理论课要继续打好提高思想政治理论课质量和水平的攻坚战，坚持不懈地传播马克思主义科学理论，讲清讲透习近平新时代中国特色社会主义思想的时代背景、重大意义、科学体系、精神实质、实践要求，全面推动习近平新时代中国特色社会主义思想进教材进课堂进学生头脑，打牢大学生成长成才的科学思想基础，引导大学生树立正确的世界观、人生观、价值观，不断增强大学生对思想政治理论课的获得感。

为此，新时代高校思想政治理论课教学工作应全面贯彻党的教育方针，落实立德树人根本任务。高校要把思想政治理论课教学工作摆在更加突出的位置，更加重视加强和改进教学管理，更加重视提升教学质量，不断提升思想政治理论课的亲和力和针对性；全面推动习近平新时代中国特色社会主义思想进教材进课堂进学生头脑，使其牢固树立"四个意识"，坚定"四个自信"，培养德、智、体、美全面发展的中国特色社会主义合格建设者和可靠接班人，培养担当民族复兴大任的时代新人。

2. 科学的方法与科学的内容紧密结合

高校思想政治理论课的主要教学内容是马克思主义基本理论。马克思主义基本理论本身具有科学性和政治性。这是思想政治理论课的一个天然优势，但这并不意味着只要给学生讲清马克思主义基本理论或者只要把教材讲透，就能做到政治性与科学性的统一。在教学中，教师必须时刻注意兼顾政治性与科学性，这并不容易做到，所以，选择好的教学方式方法非常重要。没有好的教学方式方法，科学的内容也无法顺利地传授给学生。教师只有通过恰当的教学方式方法进行教学，才能达到政治性与科学性的统一，才能使学生高质量地理解和掌握相应的教学内容。

3. 建设兼具较高思想政治素质和较高理论水平的教师队伍

高校思想政治理论课教师是马克思主义理论和党的路线、方针、政策的宣讲者，是社会主义意识形态和精神文明的传播者。高校思想政治理论课教师必须是坚定的马克思主义者，在事关政治原则、政治立场和政治方向的问题上，必须与党中央保持一致。只有这样的教师，才能做大学生健康成长的指导者和引路人。这就要求思想政治理论课教师必须同时具备较高的思想政治素质和理论水平。

三、坚持方向性、思想性与科学性相统一

方向性体现了思想政治理论课鲜明的阶级性和党性，以及明确的目的性特征。思想性表明思想政治理论课教学重视人的精神价值和精神动力；高校思想政治理论课教学要注重思想观念对人们行为的主导作用，对大学生进行世界观、人生观、价值观教育，坚持把理想信念教育作为核心内容。科学性体现了思想政治理论课教学在指导思想上、内容上和方法论上的真理性、正确性，并已为实践所验证，能经受历史的考验。高校思想政治理论课

教师要坚持教学内容与方式方法的科学性，真正做到以科学的理论武装人、以科学的方法培育人。

思想政治理论课教学的方向性、思想性与科学性的统一，是其本身所具有的内在统一，而并非人为的"结合"；思想政治理论课教学的方向性、思想性与科学性的内在统一，还可以从其真理性与价值性的内在统一中得到验证；思想政治理论课教学坚持方向性、思想性与科学性相统一，符合思想政治理论课教学的基本宗旨和中央对思想政治理论课教学的基本要求及有关规定；思想政治理论课教学要坚持方向性、思想性与科学性相统一的原则，就要充分体现马克思主义理论的科学性和鲜明的时代性特征，充分体现对马克思主义既坚持，又不断发展创新的科学态度。

四、坚持传授知识与思想教育相统一

（一）坚持传授知识与思想教育统一的含义

思想政治理论课程不仅承担着传播文化知识的任务，还承担着对大学生进行思想教育的任务。坚持传授知识与思想教育的统一，就是在教学过程中，在使学生掌握一定的理论知识的同时，对学生进行思想教育，提高学生的思想道德修养和政治觉悟。传授知识与思想教育是有机统一的，若是单纯地传授知识，就不能解决学生的各种思想问题，也就不能提高学生的思想觉悟；若是单纯地进行思想教育，陷入空洞的说教误区，导致教育内容缺乏说服力，不但解决不了问题，而且也满足不了学生强烈的求知欲望。

（二）坚持传授知识与思想教育统一的要求

1. 教师要提高对思想教育重要性的认识

在教学中，教师居于主导地位，直接实施教学活动。教学坚持传授知识与思想教育的统一，关键在于教师。思想教育相对于知识教育来说，有其自身的特点，知识教育是要让学生"了解""知道"教师所教授的内容；而思想教育则涉及学生的内心世界，通过影响学生内心世界的活动，触发其思想转变、认识提高。从这个意义上说，绝不能把思想政治理论课理解为普通的知识课程。部分教师把思想政治理论课看成是纯粹的知识课程，授课过程知识化，这是不对的。每一位思想政治理论课教师都应明确思想政治理论课绝不是单纯地教授理论知识，而是要同时提高学生的思想觉悟和认识水平。

2. 理论教育与学生的思想认识问题紧密联系

进行理论教学与澄清学生的思想认识问题应有机结合。学生的思想认识问题分两种情况：一种是学生普遍存在的思想认识问题，另一种是个别学生的思想认识问题。学生中普遍存在的思想认识问题，一般是学生普遍关注的问题。如果教师在教学中注意观察学生的课堂反应，就很容易发现这类问题。这类问题尽量在课堂上及时解决，这样可以达到事半功倍的效果。教师通过课堂问答、讨论或集体活动等途径，可能会发现个别学生的思想认识问题。这种问题可通过在课间或其他时间进行个别交流来解决。这种交流可以说是课堂教学的一种延续而非单纯的人际交流。

3．科学评价西方文化思潮和价值观念

随着经济全球化趋势的不断发展，各国的经济、贸易交往范围不断扩大，不同文化的交流也日益增多。随着互联网的普及，信息的全球共享成为现实，文化间的交流更加便捷、更加频繁。这种交流有时是主动的、有计划的，有时是被动的、不可控的。在思想政治理论课教学中，教师要认真地对待西方思潮和价值观念。简单地肯定或否定一切显然不是马克思主义的科学态度，但绝不能不加分析，纯客观地介绍和传播西方文化思潮和价值观念。教师要结合有关教学内容，运用马克思主义的立场、观点、方法进行分析，对错误的方面要立场鲜明地给予批判。这有利于学生克服错误思潮和错误价值观念的影响，提高学生抵制错误理论观点和错误价值观念影响的能力，同时也能促进学生对有关教学内容的理解，并使学生逐步学会用马克思主义的立场、观点、方法分析问题。

五、坚持面向全体、分层施教与继续教育相结合

坚持面向全体、分层施教与继续教育相结合是思想政治理论课教学正确处理整体性教育与局部性教育、普遍性教育与特殊性教育、连续性教育与阶段性教育关系的要求。

"面向全体"要求思想政治理论课要面向我国各高校的全体大学生，进行普遍的马克思主义理论、思想道德、法律基础等方面的教育。"分层施教"要求思想政治理论课教学要针对不同专业、不同年级、不同层次、不同学历大学生的特点，实施不同的教学计划方案，在教学内容、学时上提出不同的要求，并采取不同的教学形式和方法。"分层施教"还要求思想政治理论课教学既要层次分明、循序渐进，又要注意阶段间的衔接和连续发展。

"继续教育"是指对已经从学校毕业的学生、成人和在职人员的教育。随着社会的发展和科学文化知识更新速度的加快，人们对教育的要求也随之不断提高。人们只有不断接受教育，不断"充电"，才能适应社会发展和自身发展的需要。

"面向全体"与"分层施教"相结合符合共性与个性、普遍性与特殊性、统一性与多样性的对立统一规律，也符合德育的全民性、针对性要求。加强马克思主义理论和思想道德修养教育，是提高一个人文化素质的重要方法。

总之，不管是普遍性与特殊性的统一，还是教育的全民性与针对性的统一，都说明了"面向全体"与"分层施教"相结合的必要性与合理性。而把二者与"继续教育"相结合，则是从更广义的角度，扩展了普遍性与特殊性的统一、共性与个性的统一规律在思想政治理论课教学中的指导意义。

第四节　高校思想政治理论课教学质量的提升路径

高校思想政治理论课，是我国高校落实立德树人根本任务的关键课程，是我国意识形态教育与宣传的重要渠道和主要阵地，是维护国家安全的重要保障。优质的高校思想政治理论课，能为培养德、智、体、美、劳全面发展的社会主义建设者和接班人保驾护航，能为当代大学生树立中国特色社会主义道路自信、理论自信、制度自信和文化自信提供强大的精神动力。不断提升我国高校思想政治理论课的教学质量，已经成为中国特色社会主义新时代的必然要求。全国各高校为优化高校思想政治理论教学质量进行了广泛而深入的探索和研究，积累了很多宝贵的经验。根据党中央对高校思想政治理论课的要求，结合我国高校思想政治理论课的教学实践，我们可以着力从以下几个方面来提升高校思想政治理论课的教学质量。

一、理论讲授与实践教学的统一

讲好高校思想政治理论课，要以理论教学为主，实践教学为辅，实现理论教学与实践教学的有机统一。

（一）晓之以理，提高理论讲授的说服力

理论只要说服人，就能掌握群众；而理论只要彻底，就能说服人。全面、深刻而准确地理解教材所呈现的教学内容，是高校思想政治理论课教师讲好高校思想政治理论课的首要前提。高校思想政治理论课教材已经进行了多次修订，内容也在不断更新。教师要想准确理解教材，必须在研读教材的基础上阅读与教材有关的马克思主义经典著作。比如，对于《马克思主义基本原理概论》这门课程，任课教师要着重阅读马克思、恩格斯、列宁的相关著作。对于《毛泽东思想和中国特色社会主义理论体系概论》这门课程，高校思想政治理论课教师要着重阅读《毛泽东选集》《邓小平文选》《江泽民文选》《胡锦涛文选》《习近平谈治国理政》等相关著作。高校思想政治理论课教师只有研读教材和相关原著，才有可能从学理的层面讲清楚教材中的重点和难点。比如，教师要想讲清楚"经济基础"这一概念，就需要阅读《〈政治经济学批判〉序言》和《资本论》等相关著作，从不同的角度讲清楚何为"生产关系的总和"。高校思想政治理论课教师不但要能从学理层面讲清楚教学内容的理论逻辑、历史逻辑和实践逻辑，而且必须把这些内容与当代中国的国情和实际紧密地结合起来。这种结合既能阐释教学内容本身，又能增强理论讲授的说服力。比如，教师在讲授生产力与生产关系、经济基础和上层建筑之间的关系的时候，既要立足于历史与现实，从学理层面阐明人类社会发展的规律，又要运用这一原理说明全面深化改革的必要性。再如，教师在讲授"中国特色社会主义进入新时代"这一知识点时，要通过具体的

案例和相关统计数据，说明党的十二大以来的历史性变革和历史性成就，根据历史沿革和生活实际，分析我国社会主要矛盾的变化，阐明为什么说中国特色社会主义进入了新时代，进而讲清楚其内涵与意义。高校思想政治理论课教师还应学习和研究历史，缺少历史的思维，是很难把一些司空见惯的教学内容讲清楚的。比如，讲授我国民族区域自治制度的时候，就要弄清楚我国自古以来就是统一的多民族国家，懂得中华民族近代以来反抗外来侵略斗争的历史，明白我国人口分布格局的形成过程。这是讲清楚我国为什么确立民族区域自治制度的必要条件。高校思想政治理论课教师要以马克思主义理论为根本，以历史思维为基础，讲好教学内容。

（二）因地制宜，开展丰富多彩的实践教学

实践教学是通过社会实践来开展思想政治教育的教学活动。与理论讲授相比，实践教学具有鲜明的直观性、广泛的参与性、真切的体验性。实践教学能够激发大学生对马克思主义理论的学习兴趣，深化大学生对马克思主义理论的理性认识，增强大学生对马克思主义理论的情感认同，坚定大学生对马克思主义理论的理想信念。近年来，我国高校在实践教学方面形成了百花齐放的繁荣景象，涌现出了拍摄微电影，开展读书会，组织参观、调研，唱红歌等多种实践教学方式，取得了丰硕的成果，为我们进一步增强实践教学的实效性提供了宝贵的经验。开展实践教学，各校要根据实际情况进行，要充分利用当地的资源，创造各具特色的实践教学方式。周边有丰富红色教育资源和相关博物馆的高校，可以通过参观学习的形式开展实践教学。办学条件较好的高校，可以开展以拍摄微电影为代表的、难度较大的实践教学活动；也可以通过组织学生听取相关的学术报告等形式，深化学生对马克思主义理论的理解和认识。艺术类院校可以通过歌唱、舞蹈、绘画、话剧、歌剧等文艺表演的形式开展实践教学。办学条件相对不足的高校，可以观看《厉害了，我的国》《这就是中国》《百年潮·中国梦》《我们一起走过——致敬改革开放40周年》《正道沧桑——社会主义500年》等优质影视作品，也可以通过周边实地考察和网络调查的方式开展实践教学。总之，实践教学没有固定的形式，要根据具体情况具体分析和研究。但作为理论教学的重要补充和辅助形式，实践教学不能喧宾夺主，不能脱离教学内容，游离于马克思主义理论之外；要以教学内容为中心，选择适当的实践教学形式，促进感性认识与理性认识的良性互动，进而实现理论教学与实践教学的有机统一。

二、实体课堂与网络课堂的贯通

随着我国信息化程度的不断提高，我国高校思想政治理论课既面临着新的挑战，也面临着新的机遇。高校思想政治理论课要在继往开来的过程中，不断推进现代化进程。

（一）薪火相传，展现实体课堂的魅力

近年来，随着信息技术在高等教育领域的广泛应用，学校内涌现了以网络为载体的新的教学形式。那么，网络思想政治教育能否代替实体课堂呢？网络思想政治教育作为新的

教学形式，虽然有其优势，但不能完全代替实体课堂。原因主要有三点：一是网络思想政治教育与学生往往不处于同一时空之中，教师与学生彼此之间缺少了解与认识，师生之间难以实现教学相长。二是网络思想政治教育难以实现因材施教。如果某一网络课程在较大的范围内推广，不根据不同层次、不同类型和不同个体进行有针对性的教育，那么单纯使用这种教育方式，就很难做到因材施教。因为高校思想政治理论课不仅要传授知识，还要使学生树立正确的理想信念和价值观。三是很多网络思想政治理论课程难以做到随时更新教学内容。在线直播的网络思想政治教育相对较少。很多网络课程都是编辑好的视频资料。这些视频教学资料在制作和实际教学使用之间往往存在一定的时间差，这种时间差使其不能与马克思主义理论的发展完全同步。基于以上原因，网络思想政治教育不能代替实体课堂。实体课堂自人类有教育以来，一直延续至今，无数教育家对这种教学方式进行了广泛而深入的研究，提出了很多重要的思想理论，我们要借鉴传统课堂教学的成功经验。高校思想政治理论课教师要充分掌握在实体课堂开展思想政治教育的知识、能力和技能；要不断更新和优化自己的马克思主义理论水平，提高自己的语言表达能力，分析和研究学生的思想动态，实现因材施教和教学相长。

（二）守正创新，释放网络课堂的潜力

网络课堂是以网络形式存在的课堂。与实体课堂相比，网络课堂具有跨时空性、丰富性、互动性和虚拟性的特点。以网络为载体的思想政治理论课堂方兴未艾。虽然网络课堂不能代替实体课堂，但网络思想政治教育必定是传统思想政治理论课堂教学的有益补充。高校思想政治理论课要在坚持和强化自身意识形态性、理论性和思想性的前提下，借助互联网技术，不断创新发展。一方面，要在传统的实体课堂中适当地运用网络信息技术开展思想政治教育。近年来，国内开发了多种教学辅助工具，如雨课堂（清华大学和清华旗下在线教育品牌学堂在线共同推出的智慧教学工具）。这些教学辅助软件具有随机点名、播放教学视频短片、课堂测试、成绩排名等功能，能拓宽课堂教学的广度，加深课堂教学的深度，增强学生学习的主动性。使用这些教学辅助软件，教师能及时了解学生的学习情况，进而展开有针对性的教学。另一方面，要在课堂之外，让学生学习以网络为载体的思想政治教育的相关资讯。比如，我国名校制作的与高校思想政治教育相关的慕课，这些慕课有利于促进优质教育资源的共享，缩小院校之间教育水平的差距，促进院校之间互学互鉴；还能拓宽学生的视野，提高学生对马克思主义理论的理解和认识。再如，学校可以鼓励大学生通过学习强国网络学习平台，学习与高校思想政治理论课教学内容有关的资讯，从不同的角度掌握马克思主义理论，不断更新自己的知识结构，树立正确的价值观、人生观、世界观。在信息化时代，网络思想政治教育万能论和无用论，都是不可取的。高校思想政治理论课教师要积极学习网络思想政治教育的知识与技能，适当运用网络教育技术，不断创新高校思想政治理论课的授课形式，实现实体课堂和网络课堂的有机结合，推动实体课堂和网络课堂的良性互动。

三、教师导学与学生自学的互动

高校思想政治理论课既不能弱化教师在教育教学中的主导作用，也不能忽视学生在课堂教学中的主体作用。单纯的"教师中心论"和"学生中心论"皆不可行，师生之间良性互动才是可取之道。

（一）言传身教，发挥教师的主导性

高校思想政治理论课教师要发挥其主导作用，既要成为马克思主义理论的传道、授业、解惑者，又要成为马克思主义理论的问道、求道、释道者，具体应关注以下几点：一是坚定马克思主义信仰。高校思想政治理论课教师要不断学习马克思主义理论，坚定自己的马克思主义信仰，自觉抵制和批判错误的思想观念和社会思潮。高校思想政治理论课教师要"信马""言马"，只有自己真学、真懂、真信，才可能引导学生树立马克思主义理想信念。二是不断提升理论水平。高校思想政治理论课教师要以教材为根本，但不能局限于教材。因为马克思主义理论是不断丰富和发展的，教材很难及时同步更新。所以，高校思想政治理论课教师要以学习为根基，以研究为动力，不断更新自己的知识结构和理论水平，用最新的理论成果武装自己的头脑。高校思想政治理论课教师不能照本宣科，而要在学懂、弄通的前提下，把教材语言转化为生动活泼的教学语言，通过富有理论性和思想性的讲解，使大学生既能知其然，又能知其所以然，进而让思想政治理论内化于心、外化于行。三是因材施教。高校思想政治理论课教师要通过观察、提问、访谈和问卷调查等方式，全面了解学生的思想动态，研究学生的身心发展规律，关注学生的实际需要；能够针对大学生关注的思想政治问题和人生发展问题，以富有亲和力、说服力和感染力的教学方式为大学生答疑解惑，对其展开有针对性的教育。四是端正自己的品行。高校思想政治理论课教师要不断提高自己的学识水平和品德修养，通过自己良好的修养和高尚的德行，使学生受到影响和教育。

（二）好学不倦，激发学生的主体性

提高高校思想政治理论课的"抬头率"，使思想政治理论能够入脑入心，关键在于教师能更加充分地调动大学生学习思想政治理论的主动性和积极性。这就要求高校思想政治理论课教师在教学过程中，激发大学生自主学习马克思主义理论的主体性。具体来讲，高校思想政治理论课教师应该关注以下几点：一是增强教学的吸引力。教师可以通过声情并茂的讲授吸引学生的注意力，通过鞭辟入里的分析引导学生认同马克思主义理论，通过丰富多彩的课堂活动激发学生的学习兴趣。二是让大学生更真切地感受到学习高校思想政治理论课的意义和价值。高校思想政治理论课教师要使大学生更加充分地认识到思想政治理论课对大学生个人发展和我国发展的重要性。教师要在为大学生排忧解难的过程中，使其更深切地体验到思政课的作用。三是让大学生感受到学习的快乐。为此，教师要组织学生更好地参与课堂教学，可以通过讲课比赛、辩论赛、讨论、演讲等方式，让学生在合作与

竞争中感受学习的乐趣。四是对大学生的学习结果进行及时反馈。教师在教学过程中，对那些优秀的大学生要进行表扬，对那些表现较差的学生要进行适当的提醒和指导。对大学生学习结果的及时反馈，有利于激发大学生的学习兴趣，使大学生自主地调整学习行为。总之，高校教师要千方百计地引导大学生自主学习思想政治理论，这样才能达到事半功倍的效果。诚如孔子所言，"知之者不如好之者，好之者不如乐之者"，只要大学生能对学习乐此不疲，那么，学习对他们来讲，就不是负担，而是快乐的求知之旅、思想之旅、成长之旅。

四、思想政治理论课程与课程思政的协同

高校的思想政治理论课与其他课程之间的相互补充与相互配合，是提升高校政治理论课教学质量的一种重要途径。

（一）深化贯彻落实，引领思想政治理论课的发展

思想政治理论课是落实立德树人根本任务的关键课程。推进高校思想政治理论课的发展，关键是贯彻与落实习近平总书记在全国高校思想政治工作会议和学校思想政治理论课教师座谈会上的重要讲话精神。高校思想政治理论课教师主要应该关注以下几点：一是明确根本问题。习近平总书记强调："办好思想政治理论课，最根本的是要全面贯彻党的教育方针，解决好培养什么人、怎样培养人、为谁培养人这个根本问题。"高校思想政治理论课教师要围绕这个根本问题，明确教育目标，探索教育方法，坚定教育立场，努力通过思想政治理论课为培养中国特色社会主义的建设者和接班人发挥自己的作用。二是提高教师的综合素质。思想政治理论课教师应结合总书记提出的六点要求，找到自身存在的不足，站稳政治立场，时刻保持政治清醒；不断抒发家国情怀，关注时代、关注社会，将从实践中汲取的知识和养分融入课堂教学的内容，从而不断地提高自己的业务水平和品德修养，以深厚的理论功底感染学生、教育学生，为学生做表率，做学生喜爱的思想政治理论课教师。三是推动思想政治理论课改革创新。习近平总书记强调："推动思想政治理论课改革创新，要不断增强思政课的思想性、理论性和亲和力、针对性。"高校思想政治理论课教师要深入贯彻和落实"八个统一"原则，通过多维互动和内外联通的方式推动高校思想政治理论课的改革，增强高校思想政治理论课的实效性。四是加强对思想政治理论课的领导。习近平总书记强调："各级党委要把思想政治理论课建设摆上重要议程，抓住制约思政课建设的突出问题，在工作格局、队伍建设、支持保障等方面采取有效措施。要建立党委统一领导、党政齐抓共管、有关部门各负其责、全社会协同配合的工作格局，推动形成全党全社会努力办好思政课、教师认真讲好思政课、学生积极学好思政课的良好氛围。"各高校党委要加强对高校思想政治理论课的领导，解决制约高校思想政治理论课建设的突出问题，更好地推动其进步与发展。

（二）推进同向同行，增强"课程思政"的实效

思想政治理论课要用好课堂教学这个主渠道，要坚持在改进中加强，增强思想政治教育的亲和力和针对性，满足学生成长发展的需求和期待。其他各门课都要守好一段渠、种好责任田，使各类课程与思想政治理论课同向同行，形成协同效应。发挥"课程思政"的实效，主要应关注以下几点：

一是注重"课程思政"意识的培养。高校领导应对全校相关教师展开关于"课程思政"方面的宣传教育工作，使众多非思想政治理论课的任课教师（以下简称"其他课教师"）能够充分认识到自己所教的课程也有一定的思想政治教育功能，鼓励这些教师深入研究和挖掘自己所教课程的思想政治教育功能，使非思想政治理论课能够发挥其应有的思想政治教育功能。

二是促进其他课教师与思想政治理论课教师（以下简称"思政课教师"）之间的互学互鉴。思政课教师要与其他课教师进行广泛而深入的沟通与交流。一方面，思政课教师可以通过讲座、座谈和研讨的方式，让其他课教师了解思想政治教育的内容与目标。另一方面，其他课教师可以向思政课教师介绍自己所教课程的概况，与思政课教师探讨如何结合自己学科的教学内容来开展相关的思想政治教育。思政课教师与其他课教师进行沟通和交流，既能深化其他课教师对马克思主义理论的理解与认识，又能优化思政课教师的知识结构，拓宽思政课教师的学术视野。

三是营造非思想政治理论课程（以下简称"其他课程"）与思想政治理论课程之间相辅相成的良好格局。高校思想政治理论课程与其他课程之间，虽然有区别，但也有一定的联系。一方面，高校思政课教师要通过高校思想政治理论课为大学生学习其他课程提供政治立场、理想信念和指导思想。另一方面，学生要通过高校课程思政的学习深化自己对思想政治理论课的理解与认识。其他课程要与思想政治理论课程同向而行，尤其是与高校思想政治理论课联系较为紧密的经济学、社会学、法学、历史学、政治学、教育学、文学和新闻学等哲学社会科学与人文社会科学等课程。在讲授这些课程的过程中，教师讲授的内容不能与马克思主义理论相背离。教师要从自己所教学科的角度帮助大学生更好地理解马克思主义理论。自然科学方面的"课程思政"也要立足于本学科，帮助大学生更好地理解马克思主义理论，尤其是马克思主义基本原理和自然辩证法。比如，在讲解概率论与数理统计的时候，教师可以引导学生理解个别与一般的关系。再如，在讲解相对论的时候，教师可以引导学生理解时间和空间的内涵。自然科学的发展是马克思主义理论产生的重要基础，对自然科学知之甚少，就很难更深入地理解马克思主义的基本原理。思想政治理论课程要与其他课程相互呼应、互为补充、交相辉映，这样才能更好地提升高校思想政治理论课的教学质量。

第二章 新时代高校思想政治理论课教学理论探究

第一节 高校思想政治理论课教学观的嬗变

教学观的变革根植于思维方式的变迁。随着哲学对人的认识由"预成论"向"生成论"思维方式的转变，教学观也经历了从教学的"预成论"到教学的"生成论"的变革。教学"预成论"过于强调教学过程的秩序、规范与控制，以及教学对象对知识的接受、掌握与认同，忽视了教学对象具有的能动性和个性特征，从而丧失了教学对象在教学活动中的主体价值。教学"生成论"注重教学过程的转化和动态"生成"，认为教学是学生主动参与和自主建构知识体系的过程。教学系统中诸因素的相互渗透与制约，决定了教学的效果与"预设"的教学目标的复杂的非线性特征。教学观的变革为我国高校思想政治理论课教学改革提供了方法论指导。

一门学科的价值定位及其发展，从哲学意义上而言，必然是一定思维方式的反映，而教学理念、教学策略的选择直接受制于或依赖于思维方式。纵观人类思维发展的历史，教学观先后经历了古代本体论、近代科学世界观、现代生成论三种思维方式的嬗变，学术界也将它们归结为"预成论"与"生成论"，它们都是各个时代精神的精华。在现代哲学、建构主义等理论的影响下，教学观也经历了从传统教学"预成论"逐步走向"生成论"的变革，对当代思想政治教育产生了深远的影响。作为塑造大学生精神品质的一门学科，高校思想政治理论课只有在反映时代精神的哲学理论的指导下，遵循人的成长与发展规律，即人之生成规律，将社会生活、时代变迁与人文精神融入高校思想政治理论教学，才能获得强大的生命力，实现其育人的价值功能。

一、教学"预成论"的认识论基础与主要特征

哲学上对"人"的认知经历了从"预成论"向"生成论"思维方式的转变。"预成论"思维可以追溯到柏拉图的本质论，有学者也称之为本质主义思维。它认为事物是一种先设定对象的本质，然后用此种本质来解释对象的存在和发展的思维模式。在认识上，它将事

物分为表面现象与内在本质，现象是本质的外在表现，具有易变性、不确定性；本质是事物的内在规定性，具有客观性、普遍性、恒定性等特征。它认为事物的产生、发展是有规律可循的，事物的发展过程实际上就是其规律的演绎过程，规律的客观性为事物的发展预设了确定的路径与结果。在实践上，它表现为运用已经形成的对事物本质和规律的认识、控制或干预事物，使事物朝着预设的轨道发展，最终实现预期目标。这种思维方法反映在教学领域，形成了"预成"教学观或教学"预成论"。教学"预成论"以对事物发展的规律性认识为基础，认为教学理论研究的主要任务在于探究教学活动的本质，并根据恒定不变的教学本质去寻求普遍适用的教学规律和原则，以此指导教学实践遵循客观规律和预先设计的程序和步骤，最终实现教学结果。教学活动成功与否，关键在于教师对规律的把握程度和遵循程度的高低。这种过于追求和重视教学规律的做法，虽然使学生掌握了一定的知识，但是也阻碍了他们的信息辨别、筛选和创造能力的生成。这一教学观在我国教育中长期占据着主导地位，其主要特点可归纳为：

（一）强调教学过程的确定性、规律性和可控性

教学"预成论"以对物的思维方式来理解和把握人，将教学对象当作被动的客体，认为教育活动既然是一种有目的、有意识的实践活动，那就是有规律的、可控的。教师的主观能动性表现为严格地遵照规律进行教学，重视对教学活动的精密安排和设计，使复杂的教学过程成为一种强制的、程式化的线性序列。教育"预成论"认为学生的发展路径和变化状态是一目了然的，学生的思维品质可以按照教师的意志进行培养和塑造，无视学生的主体地位、能动性和个性发展的需要，从而导致教学形式刻板和学生思维僵化，使教学对象在教学活动中失去了人的主体价值。

（二）教学价值定位为"知识灌输"，缺乏人格和个性的养成

教师是知识的传递者，是教学过程的组织者、支配者。为了把自己掌握的知识全部传授给学生，教师借助主导地位的权威和已有的教学经验，制定出一套完成教学任务的规则，单方面控制着整个教学过程。教学不是为了培养学生对自己生活的意义进行反思和价值追求的能力，而是为了让学生接受既有的科学知识。学习的目的就是接受，教师寻求最优化的教学方法，最经济有效地面向全体学生传授系统的知识，这是教学最具有决定意义的东西。教师关注的是目标与结果、认同与掌握、效率与控制的可预测性与精确性，忽视了学生的主体地位，学生的学习过程就是将预定内容被动转化为知识的线性累积过程；认为学生只要掌握了预设的教学内容，便达到了预定的教学目标，排斥了预设之外的、反映学生个性与创造性的生成性目标。在教学"预成论"视域下，评判教学效果的好坏以单位时间内教师传输和学生接受的知识量的多少为标准，并以分数高低来衡量学生获得知识量的多少。因此，教学成为一种行为控制和等级划分，这与教育追求的个性自由和民主精神背道而驰。诚然，知识的学习与传授是教学的主要任务，但并非其全部功能。教学的意义在于使学生获得学习的能力，增强其不断学习的愿望和

主动探究、创造新知识的动力；教学的终极追求在于培养学生健全的人格和良好的个性品质，培养学生和教师对幸福生活的感受力和创造幸福生活的能力，而不仅仅是占有知识。

（三）教学目标与学生发展之间呈因果线性关系

在教学"预成论"视域下，知识、能力的简单累积与学生的整体发展之间成正比关系。教学目标和结果在教学活动实施之前可以理性设定，教学过程不过是预设的程序和步骤的再现。因此，丰富的教学情境被简化为可以人为控制和精确推导的线性连接，教师试图用简单的线性思维来指导学生参与复杂的教学实践，将多维度、多层次、动态发展和开放的复杂教学系统，简化为封闭、机械的教学流程，丧失了教学过程的意义拓展和价值衍生功能。

二、教学"生成论"对教学"预成论"的扬弃与超越

生成教学理论的提出，主要以现代教学的局限与困境为背景。随着现代社会对人性的重视，现代教学因其现实功利性而陷入现实与理想、实践与理论等诸多矛盾之中，这一点在我国的教学实践中表现得尤为明显。课程教学忽视教学对象作为人的主体性，教学内容远离教学对象的现实生活，教学活动在预定的、统一的认知主义轨道上循环重复，愈益呈现出抑制智慧、束缚个性等弊端，阻碍人性张扬与学生的自由成长。正是这一时弊催生了生成教学理论。生成教学理论从建构主义、经验主义以及过程哲学等观点出发，吸收自然科学中的不确定性、非线性原理，尊重教师与学生，尤其是学生的主体性与创造性，关怀人的现实生活诉求，重视教学活动的过程、关系、创造、个性、非理性等特点，强调学习体系的自主建构和教学理论的动态形成，实现了对教学"预成论"的被动接受、静态预设的扬弃与超越，为教学价值从传授知识的"工具价值"转向关注学生全面发展的"人文价值"提供了理论支撑与保障。

（一）人的生成性为教学"生成论"提供了内在动力和现实依据

思维方式变迁的内在根据是人生活世界的改变及对"人"的理解。人的进化是一个漫长的过程，每个人在生命的起点预先获得了人的遗传基因，即人的生物学本质，这是个体生成和发展的前提。马克思主义人学理论认为，人的生命是一个生生不息、不断生成的过程，处于现实社会生活中的个人不是处在某种虚幻的离群索居和固定不变状态中的人，而是处在现实的、可以通过经验观察到的，在一定条件下进行活动的发展过程中的人。在社会主义的人看来，整个世界历史不外是人通过人的劳动而诞生的过程，是自然界对人来说的生成过程。人的生成性为人的创造性和自由发展提供了多种可能性，只有从动态、生成的角度解读人，才能理解和把握人的差异性和丰富性。马克思主义关于"现实的人""人的本质""人的自由全面发展"理论，揭示了人的生命是一个生成和发展的过程，对人的认识实现了从"预成论"转向"生成论"思维方式的变革，使"生成论"成为现代哲学的

主导思维方式。作为思维方式的"生成论"，认为是事物及其本质是在发展过程中生成的。在生成论的视野中，一切都是生成的，都处于永恒的变化过程之中，不再存在一个预定的本质。"生成论"是一种崇尚整合的思维方式，反对用非此即彼或绝对对立的思维来看待和处理各种复杂的关系问题。它并非全盘否定预成论思维，而是意识到它对事物的认识具有局限性和片面性。预成论思维强调事物发展的本质和规律时，忽视了事物现象和非本质因素；当它强调人的理性行为时，忽视了人的非理性行为。相对于预成论思维而言，生成论思维更注重事物发展的过程性、差异性、关联性和创造性。实际上，事物在具体发展过程中，经常会发生超乎预设的结果出现，为事物的多元化发展留下了广阔的空间。

（二）教学"生成论"融入了现代哲学和建构主义学习理论

哲学作为时代精神的精华，其思维方式必然体现在其他理论体系中。教学生成论是在对传统的教学预成论的不断反思中发展起来的，融入了马克思主义关于"现实的人""人的本质""人的自由全面发展"的人学理论，以及建构主义学习理论、体验教育等教育思想，把人看作是一个不断生成的存在。这一理论是随时代进步和社会变迁而发展的，它不是等待解释的预成性存在，而是通过个体的生命经历、感受和体验而不断生成的存在。德国著名哲学家卡尔·西奥多·雅斯贝尔斯的"教育即生成"论断认为，教育是人的灵魂的教育，而非理智知识和认识的堆积，如果教育只是计划内的事件，看不到人之精神生成之可能，那么教育就将变成训练机器人，而人经过教育也仅仅学会功能性的算计而无法进入超越之境。教育生成论意味着教育不能改变人生而具有的本质，不能强迫人成为什么样的人，只能根据人生而固有的本性和发展潜力来提升人的精神境界。美国心理学家维特罗克等在20世纪70年代提出了"生成论"学习理论，在承认教师的指导作用的前提下，从心理学角度阐释了学生在学习过程中的主体地位及其与环境的相互作用，认为学习活动并不是人脑被动接收外界输入的信息，而是学习主体在已有知识经验的基础上，有选择地关注、构建对输入信息的解释体系，并做出推论。这一过程就是学习主体原有的认知结构与从外部环境接收的信息相互作用，主动建构信息意义的生成过程。这一建构主义学习理论，为教学"生成论"的提出提供了直接的心理学依据。

（三）生成性教学强调知识对人的精神的内在价值

生成性教学以学生发展为本，强调知识对培育人类整体精神和个体精神的内在价值，认为知识的传授与获得的根本价值在于通过知识可以成就人的智慧，承认知识对教学自身和学生发展的重要性，认为知识是人们认识世界的工具和经验结晶；而否定知识在教学中的价值，就有可能使教学不能养成人们在心灵层面自我反思的习惯，不能提升精神追求超越的境界，不能发展一种宽广而适切的视野而形成对人类生活的整体认识。知识的根本作用和终极目的在于：学生通过学习知识获得可持续发展的能力，从而实现精神的超越与人的全面发展。预成论教学观颠倒了作为认识主体的人和知识的关系，使知识成了教学的目的，而不是人发展的工具和途径，背离了知识对人的精神的内在价值。传递知识虽然是教学必不可少的功能，但不是被动地、消极地复制知识，而是师生在特定教学环境中主动、积极地对知识体系进行改造与建构。相对于"简单接受"和"机械记忆"而言，教学"生成论"认为，在教师通过单向传递、硬性灌输的方法进行教学和学生通过被动接受、机械记忆的方法进行学习的情况下，学生很难获得真正意义上的个体知识；而将学习的认知活动视作个体主动参与和自主建构的"生成"过程，更符合学习的本义。个体不仅是知识意义的解释者，也是文化知识的创造者，这是对教学"预成论"知识观的重要补充和修正。

（四）教学目标的价值不在于定位而在于"定向"

在"生成论"教学观视域下，教学在本质上是教师与学生之间互动、合作对信息意义进行建构的过程。相对于预设性目标而言，生成性目标不再是僵化、固定的，而只是提供路标式的方向指引，即明确教学过程中师生行为的性质和方向，具有一定的随机性和灵活性，在一定程度上包含了师生共同建构的"不确定性"。教学过程各个环节所建构的意义不是简单的线性、序列、累积，而是由教学主体、教学内容、教学方法，以及教学环境等诸多因素构成的复杂系统。系统内部各因素的彼此协同、相互渗透与融合，决定了教学目标不可能完全符合教学"预成论"设想的一因一果、非此即彼的认知策略，而是呈现一因多果或多因一果、多因多果等非线性交错"网络"。为此，在教学过程中，教师除了要关注预设性因素以外，更要注重教学情境、内容、策略等诸多因素与环节的生成性。"生成"是人的认知结构的基本功能，"生成论"教学观的核心是强调发展和创造。这一过程及其结果，唯有主体的创造性在教学实践中得以充分发挥才能实现。这就意味着教学目标是难以全部预见的，这种不可预见性蕴含着教学"生成"与创造的可能性。只有超越"预成性"教学目标，确立关注人的发展的"生成性"教学目标，才能发挥教学的功能与价值，在真正意义上实现人的发展。

三、"生成论"教学观在高校思想政治理论课教学中的表现形式与实践途径

反思我国高校思政课教学的难题与困境，其根本原因就在于对"人"的理解囿于"预成论"这一传统思维方式，对人的抽象化理解必然导致教学内容与人的生活世界隔离。教学内容抽象化、纯理论化、空谈化（超越现实生活），使传统"预成论"教学与学生个体发展之间存在着内在的冲突与矛盾，导致思想政治理论课既不能解除学生思想上的困惑，也不能解决学生的实际问题，更削弱了思想政治理论教育客观存在的满足个人自身发展需要的功能和价值。因此，高校思想政治理论课教学难以做到"深入人心、触及灵魂、引起共鸣"。为此，高校思想政治理论课教师必须突破传统"预成论"思维方式的局限，从"生成论"思维角度切入人的生存状态，从把人作为抽象的外在研究对象，还原为现实世界具有独特个性和多样性需求的人；实现高校思想政治理论课教学由单纯地强调"理论灌输"

的工具价值转向对人文价值的关注；从"人的全面发展"的价值角度来衡量思想政治理论教育的实效，才能实现思想政治理论教育的现代转型目标。

（一）高校"思想政治理论课"的价值导向功能，是在"预成"与"生成"的辩证统一中实现的

作为一种培养人的活动，高校思想政治理论课教学与其他学科教学一样，要求教师遵循人的认知发展规律，对教学过程进行严密计划、科学预期和符合规范的设计，在一定程度上避免教育过程的随意性，这也是教师主导地位的体现。合理的生成总是在目标导向之下进行的，如果生成偏离了目标导向，生成性成为一种随意自发的活动，那就无益于学生学科素养的培养，违背了生成的基本特质与精神，失去了生成性理论的教学价值。同时，作为塑造人的"灵魂"的思想政治理论课教学，其根本目的和价值使命不但体现在社会主义意识形态的灌输上，而且还体现在对人的主体精神和价值取向的引领上。从此种意义上说，思想政治理论课教学过程就是转化和生成的活动过程。转化和生成包括接受、理解、内化、外化等具体活动形式。教师借助现代化教学手段创设特定的教学情境，通过实施一系列教育方法，要培养和提升学生的知识水平、思维能力，更要重视对学生情感、意志、兴趣、需要、信念等个性素质与价值判断的引导。同时，教师要激发学生的创造潜力，从而达到将社会主义道德规范内化为学生个体的道德信念、外化为学生的品德行为，将教学内容转化为学生的人生智慧，将人类文化成果转化为学生文化素质的终极教学目标，使人性更加丰富和完善。正如美国著名教育家约翰·杜威所言："教育的过程是一个不断改组、不断改造和不断转化的过程。"这是一个复杂的人格塑造过程，既有教师引导下的转化，也有非指导性的学生自主建构性的生成，是"预设中生成"与"生成中预设"的辩证统一。如果前者还具有一定的预设性和规范性，那么，后者就会表现出强烈的自主性和动态的发展性，虽然短期内难见显性成效，却体现了思想政治理论教学的真正价值和根本目的。

（二）"生成"结果与"预设"目标之间的非线性关系，体现了思想政治理论课教学过程的创造性

人们的思想道德不是固定的、一成不变的和等待解释的"预成性"存在，而是由主体、活动、关系和过程等多种因素构成，并不断变化的生成性存在。这种存在决定了思想政治理论课教学是一个多维度、多层次的动态发展和开放的复杂系统。其教学过程是多种因素交互作用的、充满无法预知变数的非线性序列，呈现显著的动态性和发展性。教师有目的、有意识的教学活动只是为学生的身心发展提供预设方向的引导，并不一定会使教学结果按预定的轨道实现。"生成"的核心是发展和创造，教学过程中的具体事件、教学情境、教学手段与方法、学生的个性化认识和反应等相互关联的各个环节，都会直接引发教学结果的变化。只要这种变化存在，教育结果与教育计划存在差异就是必然的、合理的。这是一种潜在的教学创造。为此，教师在教学中除了要重视思想政治理论课教学的预设性目标之外，还要关注其生成性目标。如果没有过程中动态生成的结果和价值，思想政治理论教育

便丧失了创造力。教育过程的创造性意味着对预设的规范、目标、流程的超越与拓展。这种创造性更有利于教学的自然开展和学生良好个性品质及创造性思维能力的发展。教学过程既具有预设的确定性、客观性、普遍性和共同性，也具有不确定性、主观性、特殊性和差异性。这一双重属性决定了真实的教学效果并不一定是预设的教学目标的真实再现，而是师生之间通过信息交流、情感沟通、思想交融而"生成"的创造性、发展性结果，充分显示了学生个体在教学过程中的主体地位与作用。

（三）将教学内容融入人的生活世界，是实现高校思想政治理论课价值导向功能的实践途径

对于现代哲学而言，世界不再是与人无关的外在实体，而是对人具有价值和意义的生活世界。杜威的"教育即生活"理论和陶行知的"生活即教育"理论，都试图使教育实践以教育主体为出发点，以现实生活为依托，实现教育回归生活世界。这与"以人为本"的现代教育理念相契合，从更深层的意义上揭示了高校思想政治理论课对个体成长、发展的人文关怀价值和功能，奠定了现代思想政治教育思维方式转换的理论基石，为新时期高校思想政治理论课的改革和创新，焕发高校思想政治理论课应有的生命力指明了方向。

高校思想政治理论课的教学对象是有思想、有情感、有精神需求的"现实的人"。学生的思想政治素质是根植于现实生活的。生活世界是教学的现实基础，其教学内容、原则和教学方式理应是对现实问题的客观反映。在经济全球化和社会转型时期，社会生活和人们的思想观念发生了深刻变革，市场经济的平等、法制、竞争、开放要求每个人的自由、平等和权利应得到社会尊重，增强了人的自主性和独立性。追求利益最大化是市场经济的运行法则和动力，人们的经济价值观及功利化倾向广泛而深入地渗透到社会的各个层面和领域。在这种情况下，大学生的价值取向不可避免地存在多元化、功利化、矛盾化的变化趋势。为此，高校思想政治理论教育不能局限于理论化、抽象化的内容。高校思想政治理论课教师应该用发展和变化的眼光把握思想政治理论教育所承载的社会意识和社会责任，根据社会发展和教育对象的特点把握教育内容的发展性与时代性。一方面，将书本中"理想的人"转换为"现实的人"，承认和肯定人的物质追求的合理性。"人们奋斗所争取的一切，都与他们的利益有关"，这一论断精辟地揭示了物质需求是人内在的本质，是人生存与发展的基础，追求这种正当需要是人的不可剥夺的权利。另一方面，关注利益与道德的冲突，将正视人的利益和提升人的境界结合起来，以社会主义核心价值观引领大学生的价值追求和道德精神走向。但高校思政课教育内容"回归生活世界"，并不等同于"回归日常生活"。一味地满足学生日常生活的需要，可能会使教育内容"庸俗化"，从而削弱思想政治理论课在政治方向和人的精神境界方面的导向功能。高校思想政治理论课教育内容的选择必须立足于市场经济的内在要求，有助于学生正视现实生活中的矛盾，有助于解决学生最关心的实际问题；要将对大学生的思想政治教育融入关心、帮助学生和为学生服务的教学实践中；在遵循学科的目标导向与必要的理论内容的前提下，以大学生的全面发展为

目标，坚持以人为本，贴近实际、贴近生活、贴近学生，努力提高思想政治教育的针对性、实效性和吸引力、感染力；以学生已有的经验和社会生活为基础，把体现中国特色社会主义发展需求的思想观念、道德规范与学生的日常生活紧密联系起来，引导大学生正确处理"利"与"义"、物质追求与精神提升之间的关系，探寻实现人生价值的正确途径。这是对大学生长远发展的一种关怀，也是增强高校思想政治理论课教育实效性的最终体现。

第二节　高校思想政治理论课教学语言面临的困境

高校思想政治理论课教学活动中形成的教学语言，具有价值承载、连通媒介、保障监督的重要功能，其主导力、亲和力、吸引力关乎高校思想政治教育的"高度""力度"和"温度"，深刻影响着高校思想政治教育的效果。当前，高校思想政治理论课教学语言的主导力、亲和力、吸引力面临着不断被削弱的困境，迫切需要通过交往互动共建语言的方式及在生活关照中共享语言意义等途径来提升教学语言的影响力。

高校要用好课堂教学这个主渠道，发挥好思想政治理论课教师的关键作用。高校思想政治理论课教学语言是思想政治理论课教师与大学生互动交流的媒介，承载着思想政治教育的内容和价值，其影响力的提升是推动高校思想政治理论课程改革的一个重要因素。

一、高校思想政治理论课教学语言内涵的阐释

语言是人类进行沟通交流的表达方式，最初在语言学领域中提出，是指对某一主题或目标的谈论方式，包括口语、文字及其他的表述方式，它形成于人们的交往过程中。在教育教学过程中，知识技能、思想道德观念总是通过语言这个媒介传递给学生；学生对知识技能的习得和思想道德观念的内化也总是从对语言的内化开始的。语言是教师和学生互动的媒介，是知识技能、思想道德观念的外壳。

从高校思想政治理论课的教学过程来看，教学语言是在高校思想政治理论课教学活动的过程中形成的，是教学过程中诸多要素的"黏合剂"，发挥着桥梁、纽带的作用。高校思想政治理论课教学过程在本质上是一个思想观念、道德规范、政治规范的语言价值传播过程。从静态组成的视角来看，高校思想政治理论课教学语言包括理论语言、学术语言和实践语言；从动态运行的视角来看，高校思想政治理论课教学语言是由生成、表达、传播、反馈等环节组成的，用于描述、沟通、建构主客体关系的语言符号系统。

高校思想政治理论课具有自身的学科属性和特殊的教学目标。因此，高校思想政治理论课的教学语言与其他学科的教学语言相比，具有以下三个方面的突出特征：第一，突出的意识形态性。所谓思想政治教育的意识形态性，是指它的政治性、阶级性，也就是说它明确地属于一个阶级，并为这个阶级的根本利益服务，其作用在于维护一个特定社会的统

治阶级的统治。高校是意识形态工作的前沿阵地，决定着思想政治理论的灌输规范、感召激励、批判辩护、传播结构的具体内容，体现鲜明的政治立场。高校思想政治理论课教学语言的意识形态性要求高校思想政治理论课教师要坚持马克思主义的指导地位，坚持为党育人、为国育才，发挥好党和国家喉舌的重要作用。第二，密切的关联性。静态的理论语言、学术语言和实践语言，以及动态的生成、表达、传播、反馈过程，相互联系、相互影响、相互转化，表现出逻辑严谨、层次清晰、内容全面、前后呼应等特点。高校思想政治理论课教学语言的关联性，要求高校思想政治教育理论课教师要协调好教学与科研、理论与实践的关系，树立系统思维，统筹推进生成、表达、传播、反馈各环节的教学工作，优化语言传播链。第三，显著的时代性。与时俱进是马克思主义的理论品质，也是高校思想政治教育的基本要求。2016 年，习近平总书记在全国高校思想政治工作会议上指出："做好高校思想政治工作，要因事而化、因时而进、因势而新。要遵循思想政治工作规律，遵循教书育人规律，遵循学生成长规律，不断提高工作能力和水平。"党的十九大深刻地阐明了我国当前所处的新的历史方位——新时代。高校思想政治教育要适应新时代发展的客观要求，自觉担负起培育时代新人的使命，坚持为党育人、为国育才，不断加强习近平新时代中国特色社会主义思想教育，不断增强"四个意识"、坚定"四个自信"、做到"两个维护"。

二、高校思想政治理论课教学语言的价值功能

作为服务于高校思想政治理论课目标的语言符号系统，教育语言在高校思想政治理论课教学过程中的功能主要表现为价值承载、连通媒介、保障监督三个方面。

（一）价值承载功能

语言是思维、思想的外壳。从某个方面来讲，没有高校思想政治理论课教学语言的传播，也就没有高校思想政治理论课教学活动；离开了高校思想政治理论课教学语言的传播，高校思想政治理论课教学活动也就变成了无源之水、无本之木。而这一传播过程既是一个"意义""价值""观念"等传承的过程，同时又是一个"意义""价值""观念"再生产的过程。无论是传承还是再生产，都需要借助教学语言这个符号系统来进行。因此，高校思想政治理论课教学语言具有深刻的价值意蕴，它是"意义""价值""观念"的重要依托，有效地实现了高校思想政治理论课的目标，更好地承载起高校思想政治理论课的价值功能。在具体实施上，高校思想政治理论课在推进马克思主义理论"进教材、进课堂、进头脑"的过程中，更需要推进马克思主义生活化、日常化，将教材语言、学术语言转化为学生更容易接受的课堂语言、日常语言，促进马克思主义理论教育与学生生活实际的深度融合。

（二）联通媒介功能

教师和大学生是高校思想政治理论课教学活动中的参与者，而语言就是两者沟通交流互动的桥梁，正是因为有语言的存在，两者才得以互动交流。思想政治理论课教师和大学生虽然是高校思想政治理论课教学活动中的参与者，但两者在教学活动中的作用却是不同

的。教师在教学活动中起主导作用，学生起主体作用。没有思想政治理论课教师发挥其主导作用，就没有高校思想政治理论课教学活动。因此，高校思想政治理论课教师要严格要求自己，苦练基本功，不断提高语言的引导力、传播力和影响力，为大学生"扣好人生第一粒扣子"。而要增强高校思想政治理论课教学的实效性，就需要发挥大学生的主体作用。离开大学生主体作用的发挥，高校思想政治理论课教师也很难使大学生对思想观念、道德规范、政治观点产生内化与外化。因此，在高校思想政治理论课教学过程中，教师和大学生都要积极运用语言这一媒介进行互动交流。教师要通过语言调动大学生参与高校思想政治理论课的积极性和主动性。

（三）保障监督功能

除了价值承载和连通媒介功能之外，教学语言还对高校思想政治理论课教学活动发挥着监督保障的作用，起着提质增效的效用。情境对高校思想政治理论课教学活动起着重要的引导作用。高校思想政治理论课教师根据思想政治理论课教学的需要，通过语言营造出一种或崇高、或庄严、或肃穆、或生动、或活泼的语言情境，促使教学活动在这样的语言情境中发生。这些不同的语言情境对教师内化思想政治理论课的教学内容具有不同的效果。从人的思想品德形成过程来看，知、情、意、信、行是人的思想品德形成的基本环节。在这些环节中，情感起着促进、保证与催化的作用。而情感具有相互感染的特性，高校思想理论课教师对语言的灵活运用，能够有效地对学生的情感起重要的调动与感染作用，从而保证知、情、意、信、行等各个环节的有效运转。在高校思想政治理论课教学中，教学管理是不可或缺的重要组成部分，在高校思想政治理论课教学中发挥着监督与反馈的重要作用。为有效地发挥其监督与反馈作用，高校思想理论课教师需要运用教学语言，对课堂进行有效的管理。

三、高校思想政治理论课教学语言的价值功能被削弱

（一）互联网时代，文化多元影响教学语言的主导力

互联网技术的迅速发展，深刻影响着人们的生活方式。互联网时代，人们无时无处不在使用网络。网络已成为人们生活的重要工具。尤其是当前的"00后"逐渐成为高校的主力军，他们生来就与网络"绑"在一起，网络伴随其成长。在网络时代，人人都是"麦克风"，社会进入"大众麦克风"时代。"大众麦克风"时代改变了传统的文化传播方式，"文化反哺"成为常态，教师的信息资源优势不复存在，对信息的把控能力被严重削弱。大众文化、青年文化、外来文化等非主流文化在互联网时代与主流文化相互激荡，影响着大学生的行为方式。网络时代力图在主导性语言所建构的权力关系之外重新建构一种对抗性的语言陈述系统，即重新解释世界并赋予其特定意义，进而对主导性霸权语言形成的合法性发起质疑和拷问。因此，在互联网时代，思想政治理论课教学语言的主导力被严重削弱。

（二）单向传递降低了教学语言的亲和力

传统的高校思想政治理论课在教学的过程中，形成了"主体—客体"二分的教师和学生关系的模式。"语言霸权""语言控制""自说自话""我讲你听""我打你通"是这种模式的具体表现。在这种模式下，高校思想政治理论课教师处于主导、支配地位，学生处于被动、被支配地位。随着社会转型的加速，社会经济结构、组织方式、就业方式等日益多样化，个体的自强意识、创新意识、成才意识、创业意识、主体意识、自主意识表现出史无前例的多元化特征。处于青春期的大学生，求新求异意识比较强，常常以"标新立异"来标识自己。因此，传统的高校思想政治理论课教学中"人学的空场"单向传输的语言模式，常常遭到学生的"抗拒"和"抵触"。高校思想政治理论课教师进行思想政治教育时的单向传输、照本宣科、生搬硬套，常常因为"失语"而导致教学语言亲和力降低。

（三）现实生活关照的缺失削弱了教学语言的吸引力

非日常生活和日常生活（包括衣、食、住、行等基本生存形式）的有机统一，才能涵盖人类社会的全部存在域。但由于历史和现实原因，思想政治教育的社会功能被过度凸显，抽象的原则、原理等普遍知识充斥着高校思想政治理论课教学语言体系。在高校思想政治理论课教学中，如果语言不接地气，教师所传授的政治观点、思想观念、道德规范就很难进入大学生熟悉的文化语境中，甚至会与大学生的语言体系产生激烈的冲突，从而导致大学生内心深处对高校思想政治理论课语言产生排斥和反感。因此，上好思想政治理论课的关键在于教师能够调动自己和学生的积极性、主动性、创造性。只有不断增加高校思想政治理论课教学语言的"高度""力度"和"温度"，高校思想政治理论课才能有生命力和感召力，也才能提升高校思想政治工作的亲切感、获得感和认同感。

四、高校思想政治理论课教学语言影响力的提升路径

（一）交往互动，共建高校思想政治理论课教学的语言方式

高校思想政治理论课教学在本质上是一种精神交往，是师生双方在思想、观念、意识上的交往，表现为双方的精神互动。思想政治理论课教师于学生而言，处于语言权的优势地位。在这种情况下，部分教师往往会运用"灌输—接收""独白""控制"式的单向的语言传递模式进行教学，忽视大学生对思想道德的自我建构，学生的主体性被抑制。实际上，教师在思想政治理论课教学过程中传授的道德规范、价值观念总是受到大学生业已形成的"图式"的影响。在这个过程中，如何传播并将"正确的价值"嵌入大学生"我的价值"之中显得十分重要。这就需要大学生积极主动地内化教学语言，而"正确的价值"如果没有与大学生的经验世界相互衔接、融合，大学生是不会主动接受和内化的。在网络时代，面对以"00后"为主体的大学生，高校思想政治教育迫切需要构建起以"对话交流"为基础的交往互动式语言模式。这需要思想政治理论课教师做到以下几点：首先，需要思想政治理论课教师和学生遵循以信任、平等、尊重为原则的语言环境，相互尊重，在交流

中增进共识。其次，在具体的教学互动方法上，教师需要多采用启发式、交流讨论等教学方法，通过在真实、灵动的语境之中设置话题，含蕴价值意义；通过交流对话，达成帮助学生实现对问题的科学认识、对内容价值的内化，以及对思想问题的解决等目标。最后，教师还需要构建教学语言交往互动的传播模式，通过融入情感的力量，以理化人、以情感人、以美育人，积极关注和解决大学生生活、学习中的实际问题。

（二）在生活世界的关照中共享高校思想政治理论课教学语言的意义

列宁曾经指出，工人本来也不可能有社会主义的意识。这种意识只能从外面灌输进去。高校思想政治理论课教学必须毫不动摇地继承创新列宁的"灌输理论"。高校思想政治理论课教学的关键不在于灌输，而在于怎么"灌输"。高校思想政治理论课教学应当能够反映出浓郁的生活气息，鲜明地表达出人们的社会生活需要与价值关切，注重社会成员的民生的内容，增加其人文精神与社会关怀，表达出思想政治教育应有的人文品位。在高校思想政治理论课教学中，教师需要通过教学语言积极关注大学生的生活世界，只有将教学语言嵌入大学生的生活世界，才能增强高校思想政治理论课教学的实效性。思想政治教育是社会价值和个体价值的辩证统一，其根本目的在于促进人的全面发展，对大学生个体价值和现实的关照，是高校思想政治理论课教学的题中应有之义。将高校思想政治理论课教学中的思想观念、政治观点、道德规范融入大学生的生活世界，并不是为了让大学生掌握这种内在的规定性并驻足不前，而是为了让大学生超越这种规定性，成为自我创造的主体。事实上，高校思想政治理论课教师在引导大学生掌握内在规定性的同时，也在帮助大学生不断突破这种规定性。高校思想政治理论课教学在关注社会价值的同时，也要积极关注大学生的生活世界，要充分尊重理解大学生的需要。

第三节　高校思想政治理论课教学对相关学科理论成果的借鉴

高校思想政治理论课教学需要借鉴相关学科的理论成果，运用系统的、全局的视野来研究大学生思想政治理论课教学的质量问题。进行学科建设不但有利于实现新时代条件下高校思想政治教育的发展创新，而且对研究者能力的提高也有着至关重要的作用。

一、对教育学的借鉴

思想政治教育学与教育学同属教育科学体系，均包含在教育科学体系内，都是教育科学体系的重要组成部分。

（一）借鉴教育学揭示教学规律的理论

教育学强调教育过程要遵循教学规律。教学规律是教学过程中客观存在的不以主观意志为转移的本质联系。

1. 掌握传授知识与思想教育相统一的规律

在高校思想政治理论课的教学过程中，无论教师传授的是哪方面的知识，这些知识和教师讲授知识所用的教学语言、方法总会或多或少地对学生的思想感情、立场观点、意志性格、道德品质等方面产生一定的影响，这也是学生接受大学生德育的一种方式。另外，教师的思想品质、言谈举止、风度气质等个人特质，也能对学生产生潜移默化的影响。因此，在教学过程中，教师应严谨治学，为人师表，知行统一、言行一致，通过自己的实际行动为学生树立良好的思想道德行为榜样。

2. 掌握知识和发展智力相统一的规律

掌握知识与发展智力、培养能力是辩证统一的，单纯地强调任何一方面都是不科学的，因为无论是知识的单纯增长还是智力的单纯提升，都难以提升学生的综合素质。高校思想政治教育要尊重教育学的基本规律，在注重对大学生进行马克思主义基本理论知识传授的同时，还要加强大学生实践活动的开展，帮助大学生将其所学转换为实践能力。

3. 掌握教师主导作用和学生主体地位辩证统一的规律

在教和学的统一活动中，教师应该充分发挥自己在教学中的主导作用，按照客观规律启发、引导学生去学习、认识和实践，充分激发其积极性。在教学过程中，教师的主导作用和学生的主体地位是辩证统一的，教师的主导地位并不是绝对的。在某些情况下，教师也可以激发大学生在高校思想政治教育中的主体性，发挥自身的主导作用。

（二）借鉴教育学论述教学方法的理论

教学方法是教师和学生为了实现共同的教学目标，完成共同的教学任务，在教学过程中运用的方式与手段的总称。它既包括教师教授的方法，也包括学生在教师指导下的学习方法。教育学所论述的许多方法是行之有效的教育方法，非常值得高校思想政治教育借鉴。

1. 讲授法

讲授法是教师通过口头语言向学生描绘情境、叙述事实、解释概念、论证原理和阐明规律的教学方法。讲授法是教师使用最早的、应用最广的教学方法，其他教学方法的运用，几乎都需要同讲授法相结合。高校思想政治理论课教师应重视自身口头讲授教育技巧和能力的培养，以期获得良好的教育效果。

2. 参观法

参观法是根据教学目的和教学任务的要求，组织学生到一定的校外场所学习，使学生通过对实际事物和现象的观察、研究获得新知识的方法。参观法是以大自然和社会作为教材的一种教学方法，它能打破课堂和教科书的束缚，使教学与实际生活、生产密切地联系起来，取得良好的教育效果。高校思想政治理论课教师要勤于研究学生的学习特点，借鉴参观法的特点，开展革命传统教育、正反典型教育、改革开放成果展等活动，使思想政治教育活动的形式更生动，获得富有成效的教学效果。

3．讨论法

讨论法是在教师的指导下，由全班或小组围绕某一个中心问题，发表各自的意见和看法，共同研讨、相互启发、集思广益地进行学习的一种方法。高校思想政治理论课教师也应借鉴讨论法"以他人为镜"的宗旨指导学生开展相关理论和社会热点等问题的讨论活动，引导学生在集体教育和相互探讨的过程中，进行更有成效的自我教育。

二、对政治学的借鉴

（一）借鉴关于国家与政党的学说

国家学说和政党学说是政治学的两个主要内容，马克思主义的国家学说和政党理论是确定思想政治教育任务和内容的重要依据。

1．国家的起源、本质、职能与消亡

国家是一个历史范畴，是经济发展到一定阶段使社会分裂为阶级时产生的，它是阶级矛盾不可调和的产物和表现。国家的本质是经济上占统治地位的阶级进行统治的工具。国家具有对内职能和对外职能。国家的对内职能有政治职能、经济职能和社会职能。国家对外具有保卫国土不受侵犯的职能，同时也有进行国际交往、参与国际政治经济事务的职能。马克思主义认为，国家不是永恒的，随着阶级的消灭，国家也将不可避免地消失。国家消亡的经济基础是共产主义的高级阶段，是一个漫长的历史过程。

2．政党的概念和分类

政党是代表一定阶级、阶层或集团的根本利益，由其中一部分最积极的分子组成的，有共同的政治主张，采取共同的行动，为夺取和巩固政权而联合起来的有组织、有纪律的政治组织。根据不同的标准，政党可进行不同的分类，常见的分类方式有以下四种：根据阶级属性和阶级基础，政党可分为无产阶级政党和资产阶级政党；以是否掌握政权为标准，政党可分为执政党、反对党、在野党、参政党；以法律地位为标准，政党可分为合法政党和非法政党；根据活动范围，政党可分为国内政党和跨国政党联盟。

（二）借鉴政治学关于政治生活内容的理论

人是在具体的政治生活中不断提高自己的思想政治素质的。借鉴有关政治生活内容的理论，有助于思想政治教育学全面而深入地研究学生所处的政治生活环境，确定思想政治教育的内容，实现思想政治教育的任务。

1．政治秩序和治理

政治秩序是指社会中人们依据基本的政治共识、政治与法律制度开展政治实践的一种状态。政治秩序在行动上体现为政治治理。政治治理既包括传统意义上维护政治秩序的统治行为，也包括实现经济社会发展目标的社会管理行动。

2．政治参与和监督

政治参与是指公民通过一定的方式直接或间接地影响政府的组成、运行和决策，或与政府活动相关的公共政治生活的政治行为，是公民自下而上的政治行为。监督分为政治监督和社会监督。其中，政治监督是指在政治管理过程中，为保证社会公共权力机关在其职权的正当范围内和轨道上运行，而对其进行监视、检查、控制和纠偏的各种活动，其本质是以权力制约权力，其目的在于抵御权力的腐蚀性。社会监督是以国家机关以外的社会组织或公民为主体进行的监督。这种监督主体范围十分广泛，民主性比较突出，虽然不具有法律效力，但发挥着非常重要的作用。

三、对心理学的借鉴

心理学是研究人的心理现象、心理过程、个性心理及其发展规律的科学。人的思想品德的形成过程，也是一种心理活动的过程。因此，心理学对研究思想政治教育的规律有着重大的意义。心理素质是思想道德素质的基础条件和构成要素。马克思主义心理学是我国思想政治工作科学方法形成的重要依据。

（一）借鉴心理学关于心理活动过程的理论

心理学研究的对象是人的心理现象。心理现象是心理活动过程和个性心理的统一体。心理活动过程是指人的心理活动发生、发展的过程，它由认识过程、情感过程和意志过程构成。心理活动过程体现了人类心理活动的共同规律和一般特征。心理学注重认知、情感和意志训练相结合，从而形成完善的个性和品质。高校思想政治理论教育强调的，对大学生思想品德素质进行培养的最基本的"晓之以理、动之以情、导之以行、持之以恒"的教学方法，正是建立在心理活动过程理论知识基础之上的。

1．认识过程理论

认识过程是人对客观事物的不同程度、不同水平、不同层次、不同方面的认识过程，也是感性认识到理性认识的发展过程，包括感觉、知觉、记忆、思维和想象等。

2．情感过程理论

人们在认识事物的时候总会随着认识活动的进行而形成各种态度，产生相应的喜、怒、哀、乐、爱、恶等情绪或情感体验，这种心理活动过程就是情感过程。

3．意志过程理论

我们在与自然界相互作用的过程中，常常会在认识的基础上，在情感的推动下，根据事物发生发展的规律，自觉地确定目的、制订计划、调节行动、克服困难、实现目标，使客观事物向符合我们需要的方向发展，这就是我们的意志过程。

（二）借鉴心理学关于个性心理形成与发展的理论

1．需要动机理论在高校思想政治理论教育实践中的运用

需要动机理论认为，人的一切行为都是受本能需要的直接刺激而产生的。虽然人有满

足自己需要的基本特征，但是大多时候都是从理性的角度考虑自己的需求以及动机的。因此，人们能够自觉调整自己的需要、动机和行为。心理学关于需要的理论告诉我们，在当前的社会条件下，最大限度地满足人们日益增长的物质需要和精神需要，是高校思想政治教育工作者应该考虑的内容，同时也是高校思想政治理论课教学的目标之一。如果背离了其基本目的，脱离了满足人们物质需要和精神需要这一基本原则，高校思想政治教育工作势必会缺乏吸引力和说服力，从而影响教育效果。从事高校思想政治理论教育工作的管理者，在进行高校思想政治教育工作的安排和规划时，务必要对大学生的心理特征及其个人需求进行透彻的分析和了解，从而有针对性地设计思想政治教育工作，争取获得最好的教育效果。

2. 个性心理形成与发展理论在高校思想政治教育实践中的运用

心理过程与心理活动是每个人都有的，但同样类型的心理过程或心理活动体现在每个人的思想与行为上都存在一定的差异，我们将这些个体差异的表现称为个性心理。它是个体身上表现出的比较稳定的一种心理特征，具有模式化、固定化的基本特征，对行为研究有一定的参考作用。无数的教育实践证明，深入研究并把握个性心理及其形成发展规律，对实施因材施教、开发人的潜能具有重大意义。个性心理的形成和发展是多种因素交互影响的结果，是在遗传素质的基础上，在一定环境和教育条件的影响下，经过个体积极主动的社会实践活动被塑造出来的。高校思想政治教育应充分重视心理学关于人个性心理形成发展的理论，了解影响大学生个性心理的各种因素，使教育活动产生较强的针对性和实效性。

四、对社会学的借鉴

思想政治教育学是一门指导人们形成正确思想行为的科学。它以人的思想行为形成变化的规律，以及实施思想政治教育的规律作为研究对象。作为复杂社会系统中的一个子系统，思想政治教育不是静止的，其发展过程中出现的各种实际问题也不是孤立的；只有将其放在社会的大背景中，才能较为准确地把握和实施思想政治教育，也才能切实地解决各种实际问题。多学科的参与已经成为研究思想政治教育学的一条重要路径，社会学便是其中之一。社会学是从某个特殊的角度，侧重对社会、对作为社会主体的人、对社会与人的关系等进行综合研究的科学，即社会学是一门研究社会问题的科学。它的研究领域相当广泛。它所研究的社会文化和社会思潮，涉及社会生活的方方面面。社会交往与人际关系、社会组织与社会群体，以及青年问题、家庭问题、犯罪问题等，都与思想政治教育的内容和方法相关。其中很多方面的研究，都能为思想政治教育学科所借鉴和应用。

（一）借鉴社会学关于人的社会化理论

社会学研究的人的社会化问题，在本质上与高校思想政治教育有一致性。高校思想政治教育所担负的主要任务，就是实现大学生的思想政治和道德的社会化。高校思想政治教育还是社会化的一个重要手段，思想政治教育能帮助大学生树立远大理想和培养高尚的道德品质，明确自己的社会职责和行为规范。在此意义上说，高校思想政治教育的过程也是大学生的社会化过程。高校思想政治教育可以帮助大学生完成全面的社会化。

1. 社会化的定义和途径

社会化就是指个人从生物人发展成为社会人，不断认识社会、适应社会，从而形成、发展和完善自己的人格并积极作用于社会的过程。社会化的基本途径是社会教化和个体内化。社会教化，即广义的教育，是社会通过社会化的载体及其执行者对个体进行社会化的过程。个体内化，是指个体将社会教化的内容转化为自身的行为模式、人格特征、思维方式的过程。

2. 社会化与个性发展

所谓个性发展就是指个人特有的生理素质、心理素质、思维方式和行为方式等的充分自由发展。马克思主义认为，个性的充分自由发展在人的全面发展中占有重要地位。人的发展在一定意义上就是"有个性的个人"的发展。在人的个性的形成过程中，生理、心理因素都以社会因素为中介发挥作用。人的个性是个人社会化的产物，是随着个人社会化的进程而逐步形成和发展的。一个人的个性可以通过社会化来塑造。社会化就是人的个性与自我形成及发展的过程。

人的个性发展是通过个人与社会的相互作用实现的，包括自我意识的发展和道德意识的发展，都是人的社会化的重要方面。

（二）借鉴社会学的研究方法

社会学的研究方法是社会学知识体系中最重要的基础支柱之一，同时也是社会学相对于其他社会科学来说最具特色和优势的地方。社会学有一套比较成熟的社会调查和统计分析方法，如抽样调查法、统计推论法等。这些科学的方法对思想政治教育的研究方法具有较大的借鉴作用，对加强思想政治教育的定量分析、实现定性分析与定量分析相结合、促进思想政治教育科学化有着重要的意义。

1. 问卷法

问卷法是指调查者根据研究的问题和研究的方案，通过请被调查者回答事先设计好的问题来收集资料的方法。问卷的基本结构包括调查问卷的题目、调查与填表说明书、问卷主题内容、实施情况记录等。问卷类型有开放式和封闭式两种。

2. 抽样调查法

抽样调查法是指按照科学的原理和计算方法，从要研究的对象的全部个体单位中，按随机原则抽取部分个体单位进行调查，取得资料，并用以推算总体数量特征的一种方法。随机抽样的组织形式根据调查目的的不同和调查对象的特点、数量等，可分为简单随机抽样、分层抽样、系统抽样、多阶段抽样等。

3．文献法

社会调查中的文献是指与社会调查研究对象有关的一切书面文字材料。文献法是指从搜集的资料中提炼、选择、提取、整理、分析所需资料的过程。文献定性研究的一般步骤是摘录文献、分析文献资料与研究主题关系、说明主题。

4．访谈法

访谈法是指调查者通过与被调查者面谈的形式来搜集研究资料的一种方法。访谈法的类型有个别访谈、集体访谈、一般访谈和深度访谈，以及作为搜集资料主要手段和辅助手段的访谈。调查者在访谈之前必须做好充分的准备，如设计调查方案，拟定调查提纲等。

5．统计推论法

统计推论法就是调查者利用样本的统计值，对总体的各种参数值进行估计，从而获得分析数据和资料的方法。

五、对伦理学的借鉴

伦理学是一门研究道德起源、道德本质、道德关系及其发展规律，研究道德修养和道德教育的内容、原则和方法的科学。马克思主义伦理学所揭示的共产主义道德形成和发展的基本原则、基本规律和规范，是思想政治教育学的理论依据，也是思想政治教育学研究的重要内容之一。

（一）借鉴伦理学关于道德人成长过程的论述

英国著名经济学家亚当·斯密提出了"经济人"假设，假定人都是自私自利的，但这种自私自利又不是纯粹的，人还有富有同情心的一面，人也是道德人。伦理学关于道德人成长过程的理论，对高校思想政治教育培养的教育对象，即大学生成为思想品德高尚的社会主义新人有着深刻的启示。

1．道德人的形成

道德人的形成经历了漫长的过程。人的自我认知水平与个体最初的表现是一致的。个体的内在自觉性是实现个体对道德追求的动因；同时，个体生活的社会条件也会对其道德水平产生重大的影响，这些都会使个体道德从萌芽状态逐渐走向苏醒。个体的道德觉醒达到一定的程度，道德人就形成了。高校思想政治教育在研究教育对象道德意识觉醒和达到社会所要求的道德水平方面，应遵循道德人形成的原理。

2．道德的自律与他律

这是一个持续的过程。在这个过程中，道德质的飞跃逐渐由他律转变为自律，道德主体会用一些内化了的自己认为正确的道德原则，来约束或调节自己的思想与行为方向。自律是人真正实现道德的结果。自律的人就是道德的人，是一个有稳定和明确人格的人。道德人成长过程中自律与他律的关系，说明思想政治教育一定要重视引导教育对象自觉提高自身思想政治素质和品德水平，才能真正实现教育目的。

（二）借鉴伦理学关于道德教育的过程理论

道德教育过程是指对人们进行有组织、有计划、有目的的道德教育，使人们在生活实践基础上形成某种道德认识、道德情感，确立道德意志、道德信念，和养成道德习惯的复杂过程。这一过程主要有提高道德认识、磨炼道德意志、陶冶道德情感、确立道德信念和养成道德习惯五个环节。使社会主义和共产主义道德原则、规范转化为个人内在品质的教育，是我国思想政治教育的主要内容之一。伦理学关于道德教育过程的理论，对研究思想政治教育过程论有直接的借鉴作用。

1．提高道德认识

人是理性的社会动物，人的行为是受自己特定的道德认识指导的。要使人们有社会主义和共产主义道德的理想人格，首先就必须使人们了解和遵守社会主义和共产主义道德的原则与规范，然后才能使人们有明确的道德实践方向。

2．磨炼道德意志

道德意志是道德人格形成的关键。如果没有坚强的道德意志，就不能在道德实践中克服困难，牺牲个人利益，战胜邪恶和私欲，把善和正义发扬光大，也就无法形成理想的道德人格和品质。

3．陶冶道德情感

要培养人的道德人格和个性，必须从培养一个人健全的道德情感开始。有了某种道德认识，并不一定会有相应的道德情感。教师只有在现实生活中引导学生长期对比大量善与恶的事例，让学生深受感染，才能使学生形成比较稳固的道德情感。

4．确立道德信念

使学生确立道德信念，这是道德教育的中心环节。这个环节是以其他三个环节为基础的。有了坚定的道德信念，也就有了精神支柱，人们的道德人格才能初步建立起来。

5．养成道德习惯

道德教育的宗旨，一方面是使良善的道德转化为人们内在的道德信念；另一方面是使这种良善的道德信念通过具体的道德实践表现为外在的道德行为，并最终形成自我的一种道德习惯。养成道德习惯后，人们会逐渐习惯遵守道德规范要求。

第四节　大学生思想政治理论教育对中外思想政治
教育经验的借鉴

高校思想政治理论教育除了借鉴以上学科的理论外，还借鉴了法学、管理学、系统工程理论等学科的知识和方法。这些学科理论对高校思想政治理论教育的发展也起到了重要作用。

一、我国传统文化中的思想政治教育智慧

传统德育思想是我国德育的重要内容，也是中华民族五千年来沉淀下来的思想精华。在开展思想政治教育的过程中，我们一定要将优秀的传统道德思想融入其中，激励当代大学生弘扬中华民族的传统文化。

（一）先秦时期的思想道德教育理论

1. 先秦时期我国主要的思想流派

殷商时期，奴隶主阶级为了巩固自己的统治，开始以理论的形式研究道德现象。周公创立的以"孝"为核心的宗法政治伦理思想体系，对我国之后"孝"道文化的发展起到了奠基作用。周公所创立的"孝"文化的核心是"父慈、子孝、兄友、弟恭"，以此为基础还提出了"修德配命""敬德保民"的德政要求。

春秋战国是我国历史上最为动荡的一个时期。正是这种动荡产生了伟大的社会变革，促成了我国古代文化、科技以及哲学思想的"大繁荣"。诸多思想家就道德问题系统地阐明了自己的观点，其中，以儒家、墨家、道家、法家的思想为代表。

儒家思想是以孔子的理论认识为基础发展形成的。孔子的思想以"仁"为核心，经过其弟子与后人的传承与发展，成了封建阶级进行统治的理论基础，并逐渐成为我国传统文化的重要组成部分。孟轲和荀况是儒家思想的集成与发扬者，他们在研究了孔子的基础理论之后，从新的角度对孔子的思想进行了阐述，完善了儒家思想。先秦儒家思想以"仁"为核心，主张德治，其缺点是过分夸大道德的作用；但是它对道德规范、道德范畴、善恶评价、道德修养等问题的论述，至今对我们仍然有启发意义。

墨家思想是中国古代的辩证唯物主义。墨家的观点具有强烈的社会实践精神，提倡吃苦耐劳、严于律己，将维护公理看作神圣的责任。墨家思想的核心是"兼爱"与"非攻"。墨子主张废除亲疏有别的宗法道德，并提出社会交往应主张以利人为根本。这一主张体现了墨家思想"贵义尚利"的功利主义特点。

道家思想以老子、庄子为代表人物，与儒家、墨家思想不同的是，道家思想主张效法自然，强调避世，反对世俗的道德规范和道德原则，持有脱离人类社会生活的非道德主义态度。当然，道家超世脱俗的人生追求对后世也产生了较大的影响。

法家思想曾一度成为封建社会的统治思想。从其特点上来看，法家思想可分为前期思想和后期思想。前期法家在提倡以法治国的同时，还要坚持德治。这一时期，法家思想的代表人物是管子；后期法家思想的代表人物是韩非子，他的主张比较激进，如"以法代德"，其实质就是否定道德在社会生活中的作用。

先秦时期的道德伦理思想是中国传统道德的基础。这一时期的思想，特别是儒家学派的一些观点不仅在当时的社会产生了重大的影响，发挥了重要的作用，还对后世的许多其他思想流派的道德思想家产生了深远的影响。许多后来的思想就是以当时的伦理思想为出

发点和前提条件发展起来的。

2. 孔子的德育思想

孔子的德育思想在我国的传统德育思想中居于核心地位,是中国古代德育思想的主流。然而,当社会发生剧烈变革时,他的德育理论往往会受到强烈的质疑、猛烈的攻击,甚至毁弃。当社会处于稳定时,他的德育思想往往会被不断赋予新的内涵,不断被修改、充实与重塑,甚至成为统治阶级所推崇的精神之道。在教育理论和教育实践中,孔子将德育作为教育的基础,主张"德教为先、教而后刑",并以此为基础构建"仁德"学说。总结起来,孔子的德育思想主要包括三个方面。

(1)德教为先,教而后刑

孔子的德育思想继承了夏商周时期的教育理论,把对人的道德素质的培养作为教育的重要内容。孔子认为,一个有德行的君子是教育的最终目标,道德教育是整个教育过程都应贯彻的内容。相对于正确的政治观念培养来说,道德观念的培养更加重要。在教育实践中,孔子提出了具体的培养目标和道德教育的任务,那就是培养"仁智统一"而"内圣外王"的圣贤人格,即孔子所向往的高尚人格,是"圣人""贤人""志士""仁人""君子"等。其中,"圣人"居于最高层次,"君子"居于较低层次。孔子对君子的道德标准具体可归纳为以下五个方面:君子必须具备"仁德"、君子和而不同、君子"达"而"闻"、君子自己要行为端正、君子要"修己""安人""安百姓"。

(2)仁德学说,知情意行

孔子为了实现"道之以德",在道德教育内容方面进行了总体设计,创造性地提出了仁德学说,并认为"仁"是最高的德,只有符合"仁"的行为才是道德的行为。"仁"是众德之总,其心理内容是"爱人";其基本要求是"义"与"礼";其践行纲要是"孝悌"。"仁者爱人",有仁德之人往往具有对他人的爱心。他不仅能够爱自己,还能够爱自己的亲人,以及其他非亲非故的人,即"泛爱众而亲仁"。孔子认为爱有差等,即对待不同的人应该有不同的爱。对待父母的爱是最高一等的,即孝。后人对此的解释是"百善孝为先"。其次是对待自己的兄弟姐妹的爱,即悌。君子应该在孝敬父母的前提下,友爱兄弟。因为自己和兄弟有共同的父母,如果不能友爱兄弟,也就不能孝敬父母。"礼"是"仁"在"孝悌"之行后的另外一个方面。如果说孝悌表现的是一种对亲人的爱,那么"礼"表现的是对待亲人的一种恭敬之心。"义"是君子对待朋友的一种爱,在本质上与孝悌是相同的,在程度上却有差别。

(3)修身为本,因材施教

其一是身教重于言传。孔子在教育学生的实践过程中,非常注意自己的言行。孔子说:"其身正,不令而行;其身不正,虽令不从""苟正其身矣,于从政乎何有?不能正其身,如正人何?"从这些话中,我们可以看出孔子主张教学要以身作则。以身作则并不是说给人听的,而是要践行的。"君子之德风,小人之德草。草上之风,必偃。"孔子强调榜样的示范作用是无可替代的,身教永远重于言教。其二是修身务本。孔子认为,身教大于言传,要对学生的行为进行引导，教师自身的修养也十分重要。围绕这一主张，孔子提出了一系列的修身方法，主要有以下几个：① 学思并重。在修身中，"学"和"思"是孔子十分注重的两个方面。他主张应该将"学"与"思"结合起来，如"学而不思则罔，思而不学则殆"，只有二者并用，才能达到良好的修身效果。② 克己与内省。反省是一个自我提升的内在过程，也是一种道德体验。作为道德生活的参与者，大学生自然会不可避免地体验生活中的道德现象与道德行为，并且会对道德生活产生一定的感悟。孔子十分重视道德主体的心性修养，而这种修养主要是通过反省实现的，只有通过自我努力，才能形成道德修养提升的内在推动力。③ 推己及人。孔子在道德教育中提倡忠恕之道，即尽己之心以待人和推己之心以及人，所谓"己欲立而立人，己欲达而达人"。人心是相同的。孔子指出，"敏于事而慎于言""讷于言而敏于行"，以及"言中伦，行中虑"。由此可见，孔子教育人们要少说空话，多干实事，努力将道德行为准则付诸实践。④ 因材施教。孔子因材施教的主张主要有两层含义：第一，针对不同的教育对象教授不同的教育内容；第二，针对不同的教育对象，施行不同的德育。每个人的个性、经历，以及对知识的敏感程度都不相同。教育不同性格以及智力水平的人需要使用不同的教学方法，才能获得良好的教学效果。⑤ 启发诱导。孔子在教学过程中最成功的经验就是启发诱导。孔子是世界教育史上第一个提倡并运用启发诱导教学原则与方法的教育家。他提倡在教学过程中，教师要注意把握住讲解问题的最佳时机，及时施教。当学生思考问题已有所得，欲表达又表达不清楚时，教师再给予及时的启发。这里的关键是激发学生的学习动机，把教学变成学生主动探索的过程；否则，越俎代庖，搞填鸭式、满堂灌，代替学生思考和表达，就会导致教学失败。启发诱导对现代教育实践也具有很高的应用价值。教师在教学过程中应避免"填鸭式"的内容灌输，通过合理应用教学手段，以及对学生心理特点的把握，引导学生形成道德认知、发展道德情感，激发学生内在的学习自省动力，促使学生养成良好的道德行为习惯。

（二）秦汉时期的思想道德教育理论

秦王朝建立以后，统治者吸取了法家"专任刑法"的法治思想，以严刑峻法维护统治，巩固政权，结果被农民起义推翻，结束了仅15年的统治。取而代之的汉王朝意识到严刑峻法不是巩固统治的"良药"，所以将道德、教化作为统治民众、稳定社会的基础，因此，儒家思想开始逐渐进入统治者的视野，并成为封建社会的统治思想。西汉初期，为了恢复和发展经济、稳定统治，统治者采取了恢复民力的休养生息政策，推崇"无为而治"的道家学说。在社会状况好转之后，汉武帝采纳了儒生董仲舒提出的"罢黜百家，独尊儒术"的建议，将以仁义道德为核心的儒家伦理思想推至高峰，使其一度成为最高层阶级的统治思想。儒家伦理思想独尊地位的确立，适应了时代的需求，也符合统治者的统治意愿。儒家思想在道义上为大一统统治提供了足够的支持，这也是历代统治者都尊崇儒家思想的根本原因。董仲舒的儒家思想并不是单纯的儒学思想，而是以先秦时期孔孟的主要思想和理论为基础，吸收道家、法家、阴阳五行学说以及神学思想形成的一种带有目的性的思想理论。他的思想与之前的儒家思想还是有不同之处的：儒家思想将帝王当作上天神圣统治的代言人，确认了封建君主的统治地位；而董仲舒将"天道"推演为"人道"，将"仁政""德治"作为王道政治的根本原则。作为封建统治阶级正统道德理论，儒学伦理思想在社会生活中发挥着独尊的作用。

（三）魏晋南北朝时期的思想道德教育理论

汉末以后的魏晋时期，国家分裂、社会动荡及门阀士族生活方式腐朽，以神学作为理论形式的封建名教纲常逐渐失去了对人们思想行为的约束力和影响力。然而，出于巩固统治的需要，魏晋时期的统治者维护名教，将名教作为剪除异己、镇压群众的工具，同时，又要为名教寻找能够使其继续生存和发展的理论依据和表现形式，并以此为其放荡不羁、荒淫无度的腐朽生活方式辩护。随着当时社会的经济转移、民族融合、文化交流和教育变革，适合封建门阀士族需要的"玄学"思想开始出现。他们以"三玄"，即《老子》《庄子》《周易》为主要研究对象，在伦理道德方面主要论证"名教"与"自然"的统一。

魏晋玄学的盛行，也使得佛教依附玄学得以传播。佛教宣扬因果报应，转世轮回，主张"出世"，超脱现实，提倡修行成佛。大乘空宗的佛学思想与道家玄学思想类似，因此，许多佛教徒借助玄学传播佛教。同时，门阀士族为了巩固其统治和愚化百姓，大力推崇佛教，使佛教得以迅速发展。这一时期也出现了以范缜为代表的无神论者，他们从形神关系入手，对佛学思想的理论基础"神不灭论"进行了批判。而且，佛教与儒家伦理道德格格不入，也引发了佛教与儒家礼教纲常的矛盾，产生了儒家的世俗道德与佛教的宗教道德之间的斗争。为此，佛教也力争调和儒佛，强调佛教教义、佛教的人生哲学与儒家伦理道德的一致性和互补性。总之，魏晋时期随着玄学的盛行、佛教的传播，在伦理思想上出现了儒、道、释三家既相互斗争，又彼此吸收的复杂格局。这种状况也直接影响了隋唐时期的伦理思想。

总之，魏晋至隋唐时期的伦理道德思想的突出特点是：儒、佛、道三家在相互斗争的过程中相互吸收，趋向合流。

（四）宋明时期的思想道德教育理论

宋至明中叶的伦理思想贯穿着理学与反理学的斗争。宋代以后，中国封建社会进入了后期发展阶段，社会矛盾较为尖锐和复杂，统治者对农民盘剥的加剧，激化了阶级矛盾，爆发了多次农民起义。外族的侵扰，也使宋代的民族矛盾日益激烈。统治阶级内部的官僚大地主与中小地主之间也产生了严重的对立。为了加强君主专制统治，适应官僚大地主利益的要求，统治者需要确立一种更加完备、精致的伦理思想，以调节种种社会矛盾，维护封建的道德纲常，由此便产生了理学伦理思想。理学伦理思想主要包括程朱学派和陆王学派两大派别。程朱学派是"理"一元论的客观唯心主义"理本派"。其伦理思想奠基于程颢、程颐，由朱熹集大成。陆王学派是"心"一元论的主观唯心主义"心本派"。理学伦理思想尽管有着不同的学派，但其根本观点是基本一致的。从基本立场上来说，理学使儒家伦理思想获得了完备的理论形态，并以新的形式重新取得了"独尊"地位。理学以继承儒家传统为出发点，同时又吸收佛、道思想，在道德的本原、人性论、理欲观、理想人格的培养等方面，集儒、佛、道于一体，以"理"为最高范畴，以"存天理、灭人欲"为基本纲领，形成了更系统、更精致的封建伦理思想体系，也使儒家伦理思想的发展达到了最高阶段。"存天理，灭人欲"是理学各派别的共同思想纲领，其目的是以禁欲主义的思想强化封建礼教，反对农民阶级"均贫富"的要求，维护封建纲常伦理制度。"存理灭欲"是理学伦理思想所推崇的理想人格标准。朱熹认为，要通过"居敬穷理"的学者功夫，使用"学、问、思、辨"、知先行后的方法，达到格物致知。朱熹明确指出："知行常相须，如目无足不行，足无目不见。论先后，知为先；论轻重，行为重。"显然，从道德发展的顺序上，朱熹认为"知先于行"。因此，他根据这个特点提出了道德修养的基本顺序，即"博学、审问、慎思、明辨、笃行"，进而又提出了"博约相济、积累渐进、日用切己、温故知新"的道德修养原则，形成了儒家道德理学观思辨的理论体系。理学伦理思想中关于知行的争辩，把传统道德修养理论推向了一个新的发展阶段。

（五）明清时期的思想道德教育理论

明末清初，中国封建社会的发展开始步入晚期，并逐渐走向衰败。明中叶以后，我国开始有了资本主义的萌芽，然而，却受到了封建专制主义的压制。封建统治者的高压政策、横征暴敛，导致阶级矛盾空前尖锐，最终导致了李自成和张献忠领导的农民大起义。清朝时期，民族矛盾日趋严重，以程朱理学为代表的封建伦理思想，仍处于主导地位。其专横、腐朽的思想统治，不但禁锢了人们的思想，而且严重阻碍了社会的发展，给整个民族带来了灾难。在这种特定的历史条件下，一批进步的思想家，如李贽、黄宗羲、王夫之、顾炎武、颜元等人，对以程朱理学为代表的儒家学说进行了一定程度的批判，对统治中国千百年的儒学的统治地位造成了强烈的思想冲击。在道德伦理问题上，他们把道德与功利、天理与人欲统一起来。虽然他们的观点各异，批判的侧重点也有所不同，但是他们都把以程朱理学为代表的封建伦理思想作为批判对象，带有反封建的启蒙意义。这些观点对近代乃至当代道德教育都产生了重要影响。

二、大学生的思想政治教育经验

我国各级教育部门以及高等学校历来重视大学生的思想政治教育。中华人民共和国成立以来，在各级教育部门以及高等学校的不断努力下，大学生思想政治教育工作取得了卓越的成效，也收获了一些宝贵的经验。

（一）紧密结合马克思主义中国化的理论

现阶段，我国各高校已通过《毛泽东思想和中国特色社会主义理论体系概论》课程，面向大学生开展了学习毛泽东著作和毛泽东思想的思想政治教育，用毛泽东思想武装头脑。在毛泽东思想的指引下，广大学生加深了对反对帝国主义、封建主义和官僚资本主义革命斗争的认识，加深了对新民主主义革命与社会主义革命的认识；更加深刻地认识到了社会主义制度的来之不易与中国共产党领导人民建立中华人民共和国的卓越贡献，更加自觉地团结在党的周围。

党的十一届三中全会以来，以邓小平同志为主要代表的中国共产党人，解放思想，实事求是，实行改革开放，开创了社会主义事业发展的新时期，创立了邓小平理论。邓小平理论是马克思列宁主义基本原理同当代中国实践和时代特征相结合的产物，是马克思主义在中国发展的新阶段。高校通过思想政治理论课开展邓小平理论的教育教学，推进了邓小平理论进课堂、进教材、进学生头脑的工作，使广大学生认清了"什么是社会主义、怎样建设社会主义"，增强了广大学生建设社会主义的信心。

党的十三届四中全会以来，以江泽民同志为主要代表的中国共产党人，积累了治党治国的宝贵经验，形成了"三个代表"重要思想。"三个代表"重要思想是马克思主义理论中国化的新发展。高等学校积极组织大学生认真学习"三个代表"重要思想，引导广大学生深刻认识中国共产党是中国工人阶级的先锋队，是中国人民和中华民族的先锋队，是中国特色社会主义事业的领导核心，只有始终坚持党的领导，才能夺取中国特色社会主义伟大事业的胜利，增强了广大学生对党的信赖。

党的十六大以来，以胡锦涛同志为总书记的党中央，集中全党智慧，提出了以人为本、全面协调可持续发展的科学发展观。

党的十八大以来，以习近平同志为核心的党中央坚持以马克思列宁主义、毛泽东思想、邓小平理论、"三个代表"重要思想、科学发展观为指导，坚持解放思想、实事求是、与时俱进、求真务实，坚持辩证唯物主义和历史唯物主义，紧密结合新的时代条件和实践要求，以全新的视野深化对共产党执政规律、社会主义建设规律、人类社会发展规律的认识，进行艰辛理论探索，取得了重大理论创新成果，创立了习近平新时代中国特色社会主义思想。习近平新时代中国特色社会主义思想是马克思主义中国化的最新成果，是党和人民实践经验和集体智慧的结晶，是中国特色社会主义理论体系的重要组成部分，是全党全国人民为实现中华民族伟大复兴而奋斗的行动指南，必须长期坚持并不断发展。习近平新时代中国特色社会主义思想的提出，翻开了马克思主义中国化的新篇章。高校通过思想政治理论课让大学生深入认识习近平新时代中国特色社会主义思想，让广大学生懂得了如何在新时代发扬中国特色社会主义，开阔了他们的视野，深化了他们对"实现什么样的发展、怎样发展"的认识。

（二）坚持党的领导，充分发挥党的政治组织优势

坚持党的领导，不断发挥党的政治组织优势，是坚持高校社会主义办学方向的根本，同时也是加强和改进思想政治教育的关键。坚持以党建为核心推进大学生思想政治教育，是我国大学生思想政治教育的独特优势，同时也是我国大学生思想政治教育的基本经验。自中华人民共和国成立以来，党建工作在高校一直处于十分重要的地位。高校的各级党组

织和党员在大学生思想政治教育中发挥了独特的影响和作用。改革开放以来，高校的党建工作面临许多新情况。改革开放和社会主义市场经济的发展，社会生活和思想观念的深刻变化，以及国际局势的变化，给高校党组织和党员带来了种种影响，对党的建设也提出了新的课题和更高的要求。为此，高校在学生思想政治工作中要坚持以党建为核心，在学生党建中坚持以思想建设为核心；在思想建设中坚持以理想信念为核心，不断加强学生的党建工作。在新世纪、新阶段，面对经济全球化和价值多元化的冲击，面对西方宗教等势力的渗透，高校更应以保持共产党员的先进性教育为契机，不断增强在大学生中发展党员的紧迫感和责任感；以支部建设为根本，形成支部建设推动党员发展的长效工作机制；以增强党员先进性为重点，全面提高党员的素质，加大在学生中发展党员的力度，努力实现学校党建工作的新突破。

（三）坚持社会主义办学方向的原则

高校培养的人才具有坚定正确的政治方向，愿意为人民服务、为社会主义服务，关系到我国社会主义现代化事业的前途和命运的问题。高等学校的办学方向，最重要的就是解决办什么性质的大学、如何办大学，培养什么人、如何培养人的问题。而大学生思想政治教育直接关系到培养什么人的问题，关系到全面贯彻落实党的教育方针的问题。自中华人民共和国成立以来，我国大学生思想政治教育最宝贵的一条经验，就是坚持把正确的政治方向放在首位。

第一，坚持党的基本路线不动摇。中华人民共和国成立伊始，我国的高等教育还处在从新民主主义教育到社会主义教育的历史性转变过程中，大学生思想政治教育在总结、继承和发扬老解放区学校教育的传统和吸收、借鉴苏联教育经验的基础上，确立了新民主主义的教育方针和大学生思想政治教育的目标、任务、内容等。毫无疑问，当时大学生思想政治教育得以重新确立，依靠的是中国共产党人的创造性发挥，依靠的是《中国人民政治协商会议共同纲领》对文化教育政策的正确定位。当时大学生思想政治教育的主要议题就是清除不良影响，增强马克思主义在大学中的影响力，同时，结合当时的社会政治运动，在实践中加强对大学生的思想政治教育。

第二，坚持"双为"办学方向的政治要求和价值追求相结合。中华人民共和国成立以来，我国的大学生思想政治教育始终坚持社会主义的思想道德体系，坚持培养大学生的集体主义精神，不断从巩固社会主义政权的思想基础、培养和造就社会主义事业的合格建设者和可靠接班人的高度，来确定大学生思想政治教育的定位。新时代的思想政治理论课程建设，以系统化地开设马克思主义基本原理课程为重点，要求学生掌握马克思主义的世界观和方法论，并把中国革命和中国建设的伟大实践，与毛泽东思想、邓小平理论、"三个代表"重要思想、科学发展观、习近平新时代中国特色社会主义思想等中国化的马克思主义作为重要的课程内容；与时俱进，不断改进内容体系和创新方式方法，从而帮助广大学生树立正确的世界观、人生观和价值观。

第三，坚持育人为本，德育为先，处理好德育和智育的关系。高等学校的根本任务是培养德、智、体、美、劳等全面发展的社会主义事业的建设者和接班人，要完成好这一根本任务，就要坚持"育人为本、德育为先"的重要方针。中华人民共和国成立以来，高等学校始终坚持通过提高学生的思想道德素质，带动和促进大学生素质的全面发展。在大学人才培养的各个具体环节中，高等学校始终坚持"德"的标准不放松，特别是在人才评价环节中，始终以"德"作为最为重要的方面；在推荐工作、指导就业环节中，广大高校和各级党团组织及专职思想政治工作队伍在对大学生品德的考核中发挥了应有的作用。同时，在教育中，各高校坚持整体育德、全面育人、全员育人、全程育人，不断增强教育的合力，提高教育的质量，促进了一代代大学生的全面发展和健康成长。

（四）围绕党和国家的中心工作来开展大学生思想政治教育工作

坚持围绕中心工作开展大学生思想政治教育，是我国大学生思想政治教育工作的又一基本经验。改革开放以来，特别是党的十三届四中全会以来，党中央坚持"两手抓、两手都要硬"的方针，切实加强和改进对大学生思想政治教育工作的领导。各地区、各部门和各高等学校认真贯彻落实中央要求，加强和改进思想政治教育工作，在培养高素质人才、维护学校和社会稳定等方面发挥了重要作用。以党的十八大报告和"中国梦"精神为指导，推动高等教育改革发展。大学生思想政治教育必须与国家和社会的需要及中心工作紧密结合，才能有广阔的空间和舞台。可以说，自中华人民共和国成立以来，我国的大学生思想政治教育在每一个重要的历史时期都紧紧围绕党和国家的中心工作，服从和服务于中心工作；通过一系列扎扎实实的工作，推动了社会的进步，促进了高校教育的发展，在培养人才、服务建设和改革方面作出了突出的贡献。

在社会主义改造时期，中华人民共和国面临着建立新政权和维护社会政治稳定的难题。大学生思想政治教育工作紧紧围绕中心工作，创造性地建立起新的学校思想政治教育工作体系。各高校配合党和国家的工作方针，积极开展社会政治运动，使大学生在思想政治方面经受了考验，锻炼了能力。在社会主义建设时期，大学生思想政治教育工作与火热的社会生活紧密相连，大学生通过参加生产劳动、投身社会实践、接受社会教育等方式，直接参与党和国家的中心工作，许多人成为社会的栋梁。

改革开放以后，我国的工作重心转到以经济建设为中心上来，要求大学生思想政治教育工作也迅速地进行相应的转变。这一转变要求大学生思想政治教育工作逐步以培养人才为中心，必须服务和服从经济建设这个中心工作、必须服务和服从高等教育的改革和发展，以及人才培养等高校的中心工作。具体来说，这个转变要求大学生思想政治教育做到以下两点：一是，思想政治工作在服务经济建设中突显自己的价值，培养社会经济建设所需的人才。二是，在学校教育层面，使大学生思想政治教育服从和服务于学校的中心工作，服务于人才培养、科学研究等中心工作；使大学生思想政治教育与学校的中心工作密切配合，把思想政治教育贯穿教学、科研等人才培养的各个环节。

加强和改进思想政治教育工作，最根本的是坚持和巩固马克思主义在我国意识形态领域中的指导地位。要实现这一目标，高校思想政治理论课教师必须了解思想政治教育发展的新特点和新方法，从实际出发，把思想政治教育工作做深做细，才能增强思想政治教育的实效性。对于高等学校而言，人才培养、科学研究和社会服务等是其中心工作，大学生思想政治教育工作必须紧紧围绕这些工作，尤其是人才培养这个中心开展，才能体现其独特价值。在具体的大学生思想政治教育实践中，高等学校应紧密结合各校实际，结合每一代大学生的思想实际，努力通过各种途径和渠道，不断提高大学生的思想道德素质和综合素质，使大学生思想政治教育为其成长成才服务。大学生思想政治教育应通过社会实践、文体活动、校园文化建设、就业指导、心理咨询等多种手段，围绕人才素质结构的方方面面下功夫；始终抓住人才培养的中心工作不放松，在培养人才的过程中找准思想政治理论课的定位，坚持全程育人，最终实现价值。

（五）坚持结合大学生思想新变化的原则

中华人民共和国成立以来的大学生思想政治教育的历史发展经验表明，只有紧密结合大学生思想的新变化开展教育，才能实现教育目标。20世纪50年代初期，党和国家刚从旧的社会制度中接管了高等学校，当时大学生的思想在不同程度上还存在一些与新社会制度不适应的地方。当时，针对大学生的思想实际，党和国家在全国范围内开展了针对大学生的思想改造学习运动，帮助大学生认清社会主义制度的优越性，把他们切实引导到社会主义道路上来。20世纪80年代中后期，受改革开放环境的影响，大学生对大量涌入的国外社会思潮认识不清，对国内各方面的改革举措理解不透，存在思想困惑。为此，高校开展了坚持四项基本原则教育，开展了正确处理改革、发展和稳定关系教育，为大学生拨开了思想迷雾，促进其以良好的精神状态投入学习，维护了高校的稳定。进入21世纪以来，随着经济社会的快速发展，大学生面临较大的就业压力；同时，由于大学生多是独生子女且多数时间都在学校中度过，他们的社会现实生活经历较少，当面临挫折时容易出现心理问题。针对大学生的这一变化，党和国家明确指出高校要开展大学生心理健康教育。教育部印发了《普通高等学校大学生心理健康教育工作实施纲要（试行）》，成立了大学生心理健康教育专家指导委员会，明确要求辅导员做大学生的知心朋友和人生导师。实践表明，大学生思想政治教育只有坚持以人为本、贴近实际、贴近生活、贴近学生，努力增强针对性和实效性，才能不断增强吸引力和感染力。

（六）充分发挥创新精神

改革开放以后，大学生思想政治教育工作强调要充分发扬民主、广开言路、平等待人、实行疏导的工作方针，因势利导，以理服人。人们心中的思想政治教育的形象大为改观，教师和学生的关系得到矫正，思想政治教育发挥关心人、理解人、支持人的作用，在工作中取得了越来越明显的效果。在新时代，针对信息社会的发展和网络的普及，高校普遍建立了一些思想政治教育的"红色网站"，不断加强网络引导和网上思想政治教育。除此之外，大学生思想政治教育的模式、体制、内容、方法、载体等，也随着时代的发展而不断进行改革变化。

三、对西方古代教育理论的借鉴

（一）美德即知识

这一教育理念是由苏格拉底提出来的。苏格拉底是古希腊伟大的思想家、哲学家，他是西方伦理道德史上第一个道德教育家，西方教育理论的开创者。他一生致力于聚徒讲学，尽管同孔子一样"述而不作"，但其教育思想通过柏拉图、色诺芬等学生的著作在西方国家广为流传，影响深远。苏格拉底的德育思想与哲学观点密切相关，在西方哲学史上，他最早实现了从关注自然到关注人的伦理学转向。他认为，教育的目的是发展人，培养出具备高尚品德和渊博知识的人才。其"美德即知识""认识你自己"等命题以及"产婆术"的教学法，都为我国高校思想道德教育领域提供了丰富的思想理论。

（二）理想教育模式

这一模式是由柏拉图提出的。柏拉图是古希腊伟大的哲学家、教育家和思想家，他是苏格拉底的学生、亚里士多德的老师，客观唯心主义的奠基人。柏拉图的道德教育思想主要体现在哲学著作《理想国》中。这是西方最早系统地论述教育的一部著作，被卢梭誉为"一篇最好的教育论文"。在该书中，他以理念论为基础，设定了一个建立理想国家的方案，并系统地阐述了理想教育模式，将思想道德教育贯穿其中，被认为是保证国家实现正义的决定因素。

柏拉图认为知识和德行都是先天的、来自人自身的"理念"。他把世界分为现实世界和理念世界，认为事物的本源在于理念，所有的事物都是理念世界的描摹，而"善"是理念世界的最高等级。他认为，人的灵魂具有先天的知识与"善"，灵魂是独立于个体的知识而存在的。这些观点构成了柏拉图理想国中道德教育思想的理论基石。

柏拉图认为理想教育模式的德育路径是天生、实践的学习。教育的目的在于引导人们从现象世界转向理念世界，实现理念的回复，从而接近自身所能接触到的最高的"善"。他认为，德育路径是天生、实践与学习。在实践方面，柏拉图尤其重视对儿童习惯的影响和培养，注重德育过程中环境对人的潜移默化的影响，尤其是在人的幼年时期和青年时期。

（三）美德乃是中庸之道

这一教育思想是由亚里士多德提出来的。亚里士多德是古希腊著名的哲学家、教育家和科学家，古希腊百科全书式的人物，以及教育思想和教育经验的集大成者。他对道德教育做出了比较全面和系统的阐述和论证，其德行论使古希腊伦理学达到了顶峰。他的道德教育思想是西方传统德育理论的重要基石。他首次提出教育必须适应人的自然发展原则，提出必须按年龄特征来划分受教育阶段，并最早从理论上论证了和谐发展教育的必要性。亚里士多德是最早关注学生的思想家，他提出"美德乃中庸之道"，认为知识对美德是极为重要的，但是这并不是唯一的必要条件，只是人的道德行为的指导；美德的形成需要知行统一，道德的最高境界是中庸。亚里士多德还提出了影响道德教育的三个因素，即天赋、习惯、理性；认为美德的形成不仅仅要依靠天性，还需要依靠后天养成的行为习惯，最终达到发展理性、完善美德的目的。

四、对西方近代教育理论的借鉴

（一）自然教育理论

这一著名的教育理论是由让·雅克·卢梭提出的。卢梭是18世纪法国杰出的文学家、启蒙思想家、哲学家和教育思想家，著有《论科学与艺术》《论人类不平等的起源和基础》《社会契约论》《爱弥儿》《新爱洛伊丝》《忏悔录》等作品。其中，哲理小说《爱弥儿》是他的教育代表作，被称为西方教育思想史上三大里程碑的著作之一。该书通过塑造的人物形象——爱弥儿的成长过程，系统地阐述了他的自然主义教育理论。卢梭的自然教育思想在西方教育领域引起了"哥白尼式的革命"，被誉为"新旧教育的分水岭"。

自然教育原则是卢梭德育思想的基本法则。在卢梭看来，人的教育来自三个方面，或受之于自然，或受之于人，或受之于事物。我们从一出生就具有的器官和才能，是自然界赐予的，这是自然的教育。在此基础上，我们通过被不断地教育、教导，知道什么事情可以做，什么事情不可以做，这是人的教育。环境教育则是指在外在的环境氛围及身边事物的影响和熏陶下，我们不断地丰富自己的知识与提高自己的能力。对于环境教育，人们可以有所把握；人的教育完全取决于人，但每个人的心灵都有自己的形式，必须按其形式去指导他；必须通过这种形式而不能通过其他的形式去教育，才能取得成效。因此，自然的教育是人不能办到的，必须在最自然的环境中方能实现。

卢梭还提出了自然教育分期理论和德育的内容与方法。自然教育原则要求教师顺应儿童天性的发展。这就要求教师必须考虑两个方面的内容：第一，要考虑人的发展的自然进程，并以此确定教育的目的、内容和方法；第二，要考虑人的天性中有善良和自爱的情感。道德教育主要是与人的情感相关联的教育，所以，道德教育的关键在于把人们天性中的自爱发展为博爱的情感。在自然教育分期方面，卢梭认为自然教育可划分为四个时期：幼儿期、儿童期、少年期、青年期。在《爱弥儿》中，卢梭对四个时期的教育重点都有所论述。他强调教育应该逐渐从自然走向社会，培养能够承担"自然后果"的社会人。另外，自然教育原则在卢梭的道德教育思想中的体现，可以概括为道德教育以情感培养为主要内容，以实践活动的学习为重要路径。一方面，要让学生在自身成长和教育中处于主体地位，要遵循由浅入深、从具体到抽象的道德观念发展规律，从习惯养成着手，到培养道德情感、道德意志依次递进；另一方面，要从活动中学习。卢梭反对道德说教、死记硬背以及严格的纪律，强调要以行动而不以言语来实施教育。

（二）社会道德教育

这一教育理念是由功能主义教育思想的主要代表人物之一埃米尔·迪尔海姆（又译为涂尔干·杜尔凯姆）提出的。涂尔干是法国著名的社会学家和教育学家，教育社会学的奠基人，功能主义教育思想的主要代表人物之一。在道德教育问题上，他独树一帜，把道德作为社会现实，用社会学的研究方法来研究道德，把世俗道德从宗教道德中分离出来，提出了道德三要素理论。其道德教育思想主要体现在《道德教育》《教育与社会学》《社会学研究方法论》等书中。

涂尔干提出了道德三要素理论。他认为世俗道德是由纪律精神、牺牲精神（对社会群体的依恋）和知性精神（自主或自决）三个要素组成的。他从社会学的眼光来看道德教育，认为其中的第一个要素就是纪律。道德规范具有常规性和权威性两个特征，实际上也就是"纪律"的两个方面。道德的第二个要素就是个人对社会群体的依恋。他认为，"如果人要成为一种有道德的存在，他就必须献身于某种不同于他自己的东西，他必须感到与社会一致……道德的起点就是社会生活的起点。"道德的第三个要素就是道德的知性。涂尔干认为，道德良知需要的是行之有效的自主性，而科学是我们自主性的源泉。涂尔干还专门讨论了学校道德教育中的几个问题。其中，在教师权威的问题方面，涂尔干提出，教师是他的时代和国家伟大的道德观念的诠释者。教师必须有强大的意志力，对自身职责有神圣的庄严感。在学校道德教育中惩罚与奖赏的问题方面，涂尔干指出："为纪律赋予权威的，并不是惩罚，而防止纪律丧失权威的，却是惩罚。如果允许违规行为不受惩罚，那么纪律的权威就会为违规行为所侵蚀。"最后，涂尔干提出了道德教育和道德教学、道德现实与道德理想、道德原则等概念的区别。他认为，道德教育重在形成习惯、唤起情感和激发行为动机，即培养纪律精神和牺牲精神，而培养道德的知性精神关键在于道德教学。

五、对西方现代教育理论的借鉴

（一）实用主义道德教育思想

约翰·杜威是实用主义教育的创始人，是美国实用主义哲学家的代表人物之一。他的实用主义教育思想不但对美国，而且对世界上许多国家包括中国、苏联的学校教育都曾产生过广泛而深刻的影响。当时，以德国哲学家、心理学家赫尔巴特为代表的"传统教育"思想使美国学校教育与社会生活完全脱节。杜威的实用主义教育思想正是以"传统教育"为对立面而形成并发展的。它建构于实用主义经验论、机能心理学和民主主义的理论基础上，强调教育与生活、学校和社会的联系，强调从实践中学。学校道德教育理论是杜威实用主义教育理论的重要组成部分，主要体现在他的《教育中的道德原理》《学校与社会》和《民主主义与教育》等论著中。

"教育即生活"与"学校即社会"是杜威教育思想中的两个基本观点。他认为，教育是经验不断改造的过程，是经验生成、生长的过程，最好的教育是从生活中学习，从经验中学习，所以"教育即生活""教育即生长"。杜威认为，思想道德教育的目的是培养美国社会发展需要的良好公民。他反对传统道德教育脱离现实生活进行的纯道德观念的传授，强调教育应与生活和社会保持一致。这就意味着，学校思想道德教育的内容要以社会生活为主。

"以儿童为中心""从做中学"是杜威实用主义道德教育的基本原则。杜威提出，教育的基本原则应该是"以儿童为中心"和"从做中学"。其中，"从做中学"，即社会实践的道德教育方法。他认为通过社会实践可以避免传统道德教育空洞说教、强行灌输而导致的知行脱节的弊病。

（二）个性全面和谐发展

"个性全面和谐发展"教育思想于 20 世纪中期在苏联产生，其主要代表人物是苏联教育家苏霍姆林斯基。"个性全面和谐发展"教育思想提倡由体育、德育、智育、劳动教育和美育组成的个性全面和谐发展教育，强调把学生培养成个性全面和谐发展的人。苏霍姆林斯基的个性全面和谐发展理论认为，道德教育必须遵循以下四条基本原则：

其一，必须尽量使人们丰富多样的才能、天赋、兴趣和爱好等个性特点充分发挥。这就要求教师要尽可能地多了解孩子的个性特点，因材施教。

其二，集体的道德素质是个体道德素质的源泉。由于外部环境是学生精神生活的决定因素，学校集体是学生的外部环境，所以，苏霍姆林斯基强调集体教育，重视学校集体对学生道德教育的特殊作用。

其三，在德育中要重视培养学生的自我教育能力。苏霍姆林斯基认为，只有激发自我教育的教育，才是真正的教育。

其四，宽恕优于惩罚，惩罚必先教育。在苏霍姆林斯基看来，惩罚要少用、慎用，惩罚的目的在于教育，惩罚必先教育才有意义。

大学生思想政治教育是中国特色社会主义事业的重要组成部分，是对大学生系统地进行马克思主义理论教育的主渠道和主阵地，在培养中国特色社会主义现代化建设事业的合格人才和社会主义事业接班人方面发挥着积极的作用。

第三章　新时代高校思想政治理论课教学方法探索

第一节　高校思想政治理论课教学中的人文情怀

习近平总书记指出："做好高校思想政治工作，要因事而化、因时而进、因势而新。"高校思想政治理论课是宣传马克思主义基本原理、中国特色社会主义理论及党的各项方针政策的主渠道，承担着对大学生进行社会主义核心价值观教育、为党和国家培养合格的建设者和接班人的重要任务。但是，随着信息时代的到来和经济、社会的转型，"思想政治理论课不好教"越来越成为思想政治理论课教师发自内心的一种感叹。如何上好思想政治理论课，需要思想政治理论课教师认真思考与研究。

2019年3月18日，习近平总书记主持召开学校思想政治理论课教师座谈会并发表重要讲话时强调："办好思想政治理论课关键在教师，关键在发挥教师的积极性、主动性、创造性。思政课教师，要给学生心灵埋下真善美的种子，引导学生扣好人生第一粒扣子。"王国维先生曾说："古今之成大事业、大学问者，必经过三种之境界""独上高楼，望尽天涯路""衣带渐宽终不悔，为伊消得人憔悴""蓦然回首，那人却在灯火阑珊处。"王国维先生的"三境界说"对高校思想政治理论课教师是很有启发意义的。新时代，推动高校思想政治工作、上好思想政治理论课，需要改革创新，借助新手段、探索新模式、解决新问题。对此，笔者结合自己的从教经历，总结出思想政治理论课教师必须具备的三种人文情怀与境界。

一、第一种境界：用心投入是思想政治理论课教师做好教学工作的基本要求

任何人、任何行业，若没有用心投入的精神，是很难把工作做好的。北京师范大学吴玉军教授认为，"当前，一些潜在的矛盾容易发酵、激化，从而引发社会情绪波动；很多人因工作、生活、前程往往表现出一种焦虑、浮躁、紧张的情绪，表现出急功近利、盲目

攀比、迷茫失落等消极行为。随着改革进入深水区，转型发展进入关键期，引导公民具备自尊自信、理性平和、积极向上的健康国民心态十分重要。"他倡导公民要理性平和、积极向上、自尊自信、用心对待工作，做一行爱一行。

对一份工作用心，就是要舍得投入时间、投入精力。思想政治理论课教学是大班教学，经常是一百三四十人的大课，且不同专业混合编班。在这种情况下，维持课堂纪律、确保授课效果，难度可想而知。怎么办？这是摆在思想政治理论课教师面前的一大问题。要想很好地解决这个问题，思想政治理论课教师就需要投入大量的时间和精力去研究，找原因、寻对策。

二、第二种境界：真诚沟通是思想政治理论课教师做好教学工作的有效途径

这里的"真"既指"真实"的表达，又有"真情"表白的意思。思想政治理论课教师要能够掌握学生情感形成的规律，以"真情"的教育方式逐步把处于自我中心的情感，提升到以社会和生活为中心的理性情感层次，且能够重视学生的情感过程体验和感悟，促进他们健康快乐地成长。

在 2010 届本科生毕业典礼上，原华中科技大学校长李培根院士作了题为《记忆》的演讲，时长 16 分钟，却被掌声打断了 30 多次，他被学生们亲切地称呼为"根叔"。"根叔"的演讲为何能受到莘莘学子如此热烈的追捧？为何能在极短的时间内走红网络？原因就是他的"真"。你会发现，在 2000 余字的演讲稿中，出现了许多生动的词语，如"俯卧撑""躲猫猫""打酱油""妈妈喊你回家吃饭""被就业""被坚强"。"根叔"没有端起院士、校长的架子，而是平等地把学生当作聊天、谈心的对象，这就是"根叔"的真情流露。一如他的这句话："亲爱的同学们，也许你们难以有那么多的记忆。如果问你们关于一个字的记忆，那一定是'被'。我知道，你们不喜欢'被就业''被坚强'，那就挺直你们的脊梁，挺起你们的胸膛，自己去就业，坚强而勇敢地到社会中去闯荡。"他没有说官话、打官腔，正是这份真情拉近了他与同学们之间的距离；正是他的真情，让人感到亲切。

"诚"即"诚信"，达到"彼此信任"。思想政治理论课教师不仅要做到"真"，还要做到"信"。只有取信于学生，才能实现教育效果的最大化。这就要求思想政治理论课教师的授课语言不能高高在上，在遇到问题时不能对学生简单地加以训斥。正所谓"一言可兴邦，一言可误国""一人之辩重于九鼎之宝，三寸之舌强于百万之师"，温暖的语言可以做到"药到病除，言至心开"。思想政治理论课教师要以真诚开放的态度对待学生，无论在课上还是课下都不能回避矛盾，不能回避敏感尖锐的问题，学生们看到老师是真诚的、实事求是的，是摆事实讲道理的，才会真诚开放地与老师进行沟通、交流。

教师要做到真诚沟通，关键是要换位思考。有的学生上课迟到、早退，上课看手机、听音乐，或者交头接耳、窃窃私语，等等。在解决这些问题时，教师千万不能采用居高临

下地粗暴训斥等方式，而应该设身处地、以移情的心理机制换位思考。比如，想一想自己在学生时代会不会出现类似的问题，出现这些问题的原因又是什么。有时只要换位思考，问题就能想通，解决起来就有方法了。

教师要做到真诚沟通，本质是要"人情化"。教育不能强迫、逼迫，教师要遵循学生的身心发展规律，满足其学习需求，引发其成长的内在动机。用训导说教的方式和用温暖之手、动人之舌的方式，对学生的教育效果往往是非常不同的。比如，一节课结束时，教师可以问问学生，"这节课中老师的哪句话让你印象深刻？"或者，"你从这节课当中学到了什么？"而不是一味地灌输和说教。

教师要做到真诚沟通，根本方法是"差异化"。学生上课过程中出现问题的原因有很多。比如，学生的自觉性差、悟性不高，或老师监管不到位等。解决问题时，教师不能"一刀切""模式化"，而应该有针对性地采用解决不同的方法。

三、第三种境界：亲情感化是思想政治理论课教师做好教学工作的崇高境界

爱是亲情感化的核心。有人说，世上有很多东西，给予他人时是越分越少，有一样东西却是越分越多，这种东西就是"爱"。爱，它不是索取，不是等价交换，而是付出与给予，是自我牺牲。一名教师，尤其是一名思想政治理论课教师，首先要有一颗爱心，因为教育本身意味着一棵树摇动另一棵树，一朵云推动另一朵云，一个灵魂唤醒另一个灵魂，是以德育德、以行导行、以智启智、以性养性、以情动情的过程。多数大学生离开父母，远离家乡，开始独立生活，面对新环境、新生活很可能会出现短暂的不适应。教师不能用说教的口吻、居高临下的姿态或厌烦的情绪，面对那一张张茫然不知所措的面孔。笔者总是这样告诫自己，要像对待家人、朋友一样对待学生，要像处理自己的事情一样为学生排忧解难，在语言上要做到质朴柔和，在态度上做到真诚恳切，在心情上做到放松缓和、以情感化。

思想政治理论课的目的是传播国家意识形态，引导青年树立科学的世界观、人生观和价值观，而我们的教学对象、国际国内环境、政治社会生态已发生大变化。"以学生为本，亲情感化"是教师的教学理念。教师要让学生成为课程的主人，成为教师的朋友，使他们在对人生、对国家、对世界的认识产生困惑时，能够主动与教师共同探讨；使他们在追求真理中启迪思想，获得思想的升华。教师要坚守"以学生为本"的理念，以亲情感化为出发点，突出现实导向，不断创新多种教学方式，才可能获得思想政治教育"内化于心、外化于行"的效果。

第二节　高校思想政治理论课教学与通史意识

通史意识是指通古今之变的意识。通史意识，可以帮助学生厘清教材内容，深化认识，有助于坚定学生对中国特色社会主义的理想信念，并有利于达到高校思想政治理论教育的目的，还有益于塑造学生的认知结构和思维方式，培养新时代的高素质人才。在实践教学中，高校思想政治理论课教师可以从古今历史纵向发展的历时性之"通"（历史发展的连续性）和"变"（各历史阶段的不同特点），时空的横向之"通"，以及历史的整体性研究入手，加深高校思政课教学的深度，增强教学的实效性。高校思想政治理论课教学，要在高校思想政治理论课教材内容的指引下进行，要从叙事到反思，再到后思，将叙事、反思、后思相结合。此外，高校思想政治理论课教师还要不断提升自身的理论素养，增加专业知识储备。

高校思想政治理论课的教学目的是"立德树人"，帮助大学生树立正确的世界观、人生观和价值观。教育部 2017 年"高校思政课教学质量年"大调研显示，逾 90% 的大学生表示思想政治理论课"课有所益"和"学有所得"。这说明当时的高校思想政治理论课教学已取得了一定成效。2018 年，"金课"概念提出。同年 8 月份，教育部专门印发了《关于狠抓新时代全国高等学校本科教育工作会议精神落实的通知》，提出"各高校要全面梳理各门课程的教学内容，淘汰'水课'、打造'金课'，合理提升学业挑战度、增加课程难度、拓展课程深度，切实提高课程教学质量"。这就对新时期思想政治理论课教师提出了更高的要求。

通史意识要求史家叙史要注重从变化中考察历史发展的进程，揭示历史纵向发展历史时的"通"和"变"，与横向共时空间中历史人物活动之间的关系，并将其用在当下，推及未来。通史意识对推进"中国近现代史纲要""毛泽东思想和中国特色社会主义理论体系概论""马克思主义基本原理概论"等思想政治理论课的教学亦具有重要意义。本节试以通史意识对高校思想政治理论课教学的影响为中心，主要探讨通史意识对高校思想政治理论课教学的作用、通史意识在高校思想政治理论课教学中的运用，以及在实践教学中需要注意的问题。

一、通史意识对高校思想政治理论课教学的作用

（一）帮助学生厘清教材内容，深化认识

从历史的纵向发展层面看，思想政治理论课涉及的历史起于原始社会，终于现在；从历史的横向发展看，思想政治理论课中的历史则涉及整个人类世界。在教学中具有通史意识的思想政治理论课教师，能够更有意识地揭示历史纵向发展的历时性的"通"和"变"，

与横向共时空间历史人物活动之间的关系，并酌古鉴今，将其用在当下及未来。这不仅能够帮助学生厘清教材内容，揭示历史发展的大势和其中的规律，还能够突破教材内容本身的局限，升华学生对历史的认识。

对于"通"字的含义，《说文解字》给的解释是："通，达也。"在古代汉语中，"通"的反义词是"穷"，《易传·系辞上》中说："往来不穷谓之通"。因此，"通史"指在时间中运行的历史。在高校思想政治理论课的教学中，任何历史事件和具体思想都有其诞生和发展变化的政治、经济、文化背景，思想政治理论课教师如果具有"通"的意识，在教学中便能够把历史事件和具体思想置于时间和空间的坐标上，引导学生从历史纵向发展的历时性角度了解历史事件产生的背景、发展变化的过程，并揭示与横向共时空间中人物活动的关系，以进行综合分析，得出结论。这有助于高校思想政治理论课教师把教材内容讲清、讲透、讲深。

在思想政治理论政课教学中，宏观层面的通史意识和个体讲授中"通"的精神二者互为补充，相得益彰。通史意识不仅可以帮助学生厘清教材内容，深化认识，还可以推进整体与个体之间的循环解释，提高学生对思想政治理论课教学内容认识的层次。

（二）有助于坚定学生对中国特色社会主义的理想信念，并达到思想政治理论课教育的目的

习近平总书记在 2016 年全国高校思想政治工作会议上的讲话中强调："要教育引导学生正确认识世界和中国发展大势，从我们党探索中国特色社会主义历史发展和伟大实践中，认识和把握人类社会发展的历史必然性，认识和把握中国特色社会主义的历史必然性，不断树立为共产主义远大理想和中国特色社会主义共同理想而奋斗的信念和信心"。具有通史意识的思想政治理论课教师，能够帮助学生认识历史、现实以及未来之间的联系，认识到世界各国和中国在每个历史阶段的不同任务及其特点，从而增强学生的"四个自信"，使其坚定使其的中国特色社会主义的理想信念。这些认识相互间又是可通的，即古今有变而又相通，历史具有直接性和间接性的统一。因此，共产主义远大理想和中国特色社会主义共同理想是可以实现的同时，通史意识也会让学生更清楚地认识到，世界和中国每个历史阶段目标的实现都是横向共时空间人物努力的结果。现阶段，青年大学生是社会发展的生力军，代表了社会未来的发展方向。当增强了自己对未来共产主义社会和中国特色社会主义的信心，并树立为之奋斗的信念时，大学生便会在实践中不断提升对自身的要求，从而有助于树立积极的人生观、价值观和世界观，达到思想政治教育的目的。

（三）有益于塑造学生的认知结构和思维方式，培养新时代高素质人才

从认知的层次来说，人类的认识始于个体，但要真正认识个体，则必须把个体置于整体之中。从认知的意义上来说，人类对历史的认知乃是出于对现实的需要，将对历史的认识用于当代并推及未来，既是为了探寻当下自我存在的意义，也是为了从历史进程中寻求经验。思想政治理论教学中的通史意识，可以把教学中的个体置于整体视野，从而打破课

堂对个体认识的简单限制，有助于培养学生对历史的宏观思考和整体把握的能力，使学生"承百代之流，而会乎当今之变"，即达到使学生将所学用于当代并推及未来的目的。这有益于塑造学生的认知结构和思维方式，从而培养出适应时代发展的高素质人才。

二、通史意识在高校思想政治理论课教学中的运用

高校思想政治理论课教师要具有通史意识，要揭示出古今纵向历时性的"通"和"变"，共时空的横向之"通"，并注重政治、经济、文化、社会等的整体性研究，增强思想政治理论课教学的实效性。

（一）古今纵向历时性的"通"和"变"

人类以当下为基点，把时间分为过去、现在和未来，现在不断流变为过去，将来不断流变为现在。时间的流变是不间断的，但呈现在时间中的历史是有间断的，表现为不同性质的历史阶段。思想政治理论课教材把历史划分为不同的发展阶段，"通"中有"变"、"变"中有"通"，思想政治理论课教师要揭示出其中的"通"与"变"，以及二者之间的关系。

以《中国近现代史纲要》为例，该教材从政治史角度主要讲述了1840年以来中国的历史，其中，从1840年鸦片战争爆发至1949年中华人民共和国成立前夕，是中国的近代史；1949年中华人民共和国成立至今的历史，是中国的现代史。再具体细分，又可将其分为晚清时期、北洋军阀统治时期、国民政府统治时期、中华人民共和国时期。因此，《中国近现代史纲要》不具备通史体例，它却具有通史精神。例如，教材综述部分讲述了鸦片战争前的中国与世界，故该教材的历史起点早于1840年，已溢出近现代范围，是通史精神的体现。开展《中国近现代史纲要》教学，教师可从通史层面来把握和讲述教材内容。

《中国近现代史纲要》主要讲述了中国近现代历史的变迁，因为中国近现代历史本身就是不断变化的。其中，最重要的变化有两处：一是近代中国政治制度的变化。由晚清的封建制度，到资产阶级统治制度，再到社会主义制度。二是近代中国各历史阶段社会主要矛盾的变化。1956年"三大改造"完成后的主要矛盾为国际上新中国同帝国主义的矛盾、国内工人阶级和资产阶级的矛盾，再到人民日益增长的物质文化需要同落后的社会生产之间的矛盾，最后是现阶段人民日益增长的美好生活需要和不平衡不充分的发展之间的矛盾。

《中国近现代史纲要》也讲述了"通"，主要为对自由、富裕、美好生活的向往是中国人民的恒常行动目标，是每个历史阶段中国人民一切行为的基础。

《中国近现代史纲要》历史之"变"中的历史之"通"在于：一是中国由封建君主专制制度到社会主义制度的变化，是由人类社会的发展规律所决定的。人类社会由低级到高级的发展，是一个客观必然的历史过程，因此，"共产主义崇高理想及其最终实现"这一命题便有了更深刻的内涵。二是近代中国社会的主要矛盾在不断发展变化，解决各阶段矛盾的关键在于中国共产党的领导。这样可以升华大学生对只有中国共产党才能救中国，只有中国共产党才能发展中国，才能引领中华民族实现伟大复兴等思想的认识。

（二）共时空的横向之"通"

北京师范大学历史学院教授刘家和曾说："严格的'通史'必须具备一种'把历经古今变化的历史视为同一体不断发展的过程'（或者说把历史视为常与变的统一）的精神。"即通史意识除必须具备古今纵向历时性之"通"与"变"外，还必须具备历史的同一体意识的特点。同一体意识即是共时空的横向之"通"意识。这体现在两个层面：一是把历史视为共时空的一个有机联系的整体的意识；二是把对个体的认识置于共时空的联系和整体之中，从整体的视角认识个体。

例如，在教授《中国近现代史纲要》第六章"中华民族的抗日战争"时，高校思想政治理论课教师既要讲共产党内部对抗日根据地的建设；也要讲共产党和以工人、农民和城市小资产阶级为代表的进步势力，以民族资产阶级、开明绅士和地方实力派为代表的中间势力，以及顽固势力的关系；还要讲国共合作抗日和民主党派的支持、汉族和少数民族的抗日活动、内陆和港澳台的努力、国内抗日战争和海外华侨的支援等，使大学生在共时空的横向联系中深刻领会到，全民族抗战是中国人民抗日战争胜利的重要法宝，以及中国共产党在抗日战争中的中流砥柱作用。高校思想政治理论课教师应把历史看成一个有着内在联系的有机整体，从整体视角讲述共时空的横向之"通"，在帮助学生厘清教材内容的同时，也让授课内容更加立体与丰满。

历史人物的活动、联系及变化构成了历史阶段的不同特点，以及下一历史阶段的成因，也决定了历史纵向发展的"通"与"变"。古今纵向历时性之"通"与"变"与共时空的横向之"通"，共同构成了历史发展的过程。高校思想政治理论课教师还要揭示出古今纵向历时性之"通"与"变"，与共时空的横向之"通"之间的关系。这样不仅可以使学生在纵横之中把握历史进程，升华认识，还可以让学生掌握思考问题的方法。

（三）历史的整体性研究

《中国近现代史纲要》主要讲述了 1840 年以来中国的历史和人类历史发展长河中资本主义社会及以后的世界，但其具体内容已溢出这一范围，可视为中华民族和整个人类世界的文明史。人类文明史包括政治史、经济史、文化史等，它们彼此独立，自成体系，却又有着千丝万缕的联系。作为文明史的有机组成部分，它们共同构成了文明史这一整体。思想政治理论教学中的通史意识，不是仅指思想政治理论课教师要具有政治通史意识这一个方面，就纵的方面而言，思想政治理论课教师还应具有政治通史意识、经济通史意识、文化通史意识等；就横的方面而言，思想政治理论课教师应把政治、经济、文化等作为一个有机整体进行讲授。

例如，对于《中国近现代史纲要》第四章"开天辟地的大事变"的讲授，思想政治理论课教师既要从纵的方面，帮学生厘清由北洋军阀政府统治时期以孔学为正统思想的封建主义的旧文化，到 1915 年至 1919 年五四运动前资产阶级民主主义的新文化，再到 1917 年俄国十月革命后马克思主义在中国的传播这一文化演进路径；还要从横的方面，揭示

1917 年俄国十月革命的爆发，给中国送来了马克思主义，马克思主义和中国革命相结合，推动了中国共产党的创建，并由此对中国政治、经济、文化、社会生活等产生了至深至远的影响。这样，学生对"马克思主义是关于无产阶级解放、全人类解放和每个人自由而全面发展的学说，是指引人民创造美好生活的行动指南"这一理论，便有了更加鲜活的认识。

航海大发现后，人类世界成为一个有着内在联系的有机整体。这个整体不是指特殊政治单位因地理上的联系而形成的整体，而是人类一体。任何事件就其发生的地方、目的和结果而言，都非孤立的，彼此之间有着千丝万缕的联系。思想政治理论课教师在教学中以整体性视角讲述教材内容，不仅可以帮助学生把教材内容系统化，还可以使思想政治理论课教学具有更深刻的现实意义。

三、通史意识运用于高校思想政治理论课教学需要注意的问题

（一）通史意识应该主要在高校思想政治理论课教材内容下进行

就"纵"的方面而言，对中国历史部分，思想政治理论课教材主要讲述了 1840 年以来的历史；对世界历史部分，则主要讲述了资本主义社会和社会主义社会的状况及对未来共产主义社会的展望。虽然教材中的具体内容已溢出这一范围，即中国历史部分在讲述 1840 年以来中国的历史前，讲述了鸦片战争前的中国与世界；世界历史部分，也讲到了资本主义社会前，前资本主义社会形态的演进和更替，但这两部分并非教材的主要内容。因此，在高校思想政治理论课教学中，教师对这两部分内容的讲述要适度，应主要把通史意识运用于详述 1840 年以来中国的历史，和资本主义社会形态的演进和更替以后的世界历史。

就"横"的方面而言，"马克思主义基本原理"以整个人类世界为中心;《中国近代史纲要》和《毛泽东思想和中国特色社会主义理论体系概论》则主要讲述 1840 年以来中国的历史，彼时人类世界已经成为一个有机联系的整体，中国是世界的一部分，把中国历史放在与外部世界历史中进行了解很有必要。但《中国近代史纲要》和《毛泽东思想和中国特色社会主义理论体系概论》主要讲述的还是 1840 年以来的中国历史。因此，《中国近代史纲要》和《毛泽东思想和中国特色社会主义理论体系概论》教学中的通史意识，主要运用于 1840 年以来中国史的讲述。总之，在纵横两个方面的教学中，通史意识的运用都应在尊重高校思想政治理论课教材内容的条件下进行。

（二）从叙事到反思，再到后思，叙事、反思、后思相结合

叙事是指历史学家用讲故事的形式展现过去的技巧。叙事运用于思想政治理论课教学，可以增进思想政治理论课教学的生动性、活泼性。反思是指历史学家从具体的历史事件中归纳出历史经验，以用于未来处理同类事件的鉴戒。后思是对反思的再反思，是在反思的基础上，以思想为对象，得出规律性的认识。教师在高校思想政治理论课教学中运用通史意识是为了引导学生更好地再反思，即后思。

高校思想政治理论课教学以历史为授课内容，以思想政治教育为目的。若想达到思想政治教育的目的，除了对历史事件的生动讲述，对具体历史事件进行反思外，还需要后思。后思要在叙事、反思的基础上进行，思想政治理论课教师要做到从叙事到反思，再到后思，需要将叙事、反思、后思相结合。这既体现了思想政治理论课教学从历史特殊性至历史一般性的认识过程，契合了大学生认识问题的逻辑思路，同时也兼顾了思想政治理论课教学的生动性和深刻性。

（三）高校思想政治理论课教师要不断提升自身的理论素养，增加专业知识储备

根据现存的历史文献可知，中国的通史观念滥觞于周代。通史著作最早可以追溯到《竹书纪年》和《世本》。司马迁所著《史记》正式把"通古今之变"作为著述宗旨之一，较为全面地反映了通史的特点，以后各代不断丰富发展。高校思想政治理论课教学中的通史意识，要求思想政治理论课教师既要掌握与通史相关的理论，也要在充分熟悉教材的基础上，在课下查阅大量资料，增加知识储备。这样才能把通史意识灵活地贯穿于思想政治理论课教学，达到拓展思想政治理论课教学深度和广度的目的。

恩格斯曾说过："一个民族要想站在科学的最高峰，就一刻也不能没有理论思维。"习近平总书记指出："中华民族要实现伟大复兴，也同样一刻不能没有理论思维。"高校思想政治理论课教学中的通史意识，便是培养学生突破经验思维局限，对历史及人类社会进行深度的本质思考的能力。这不仅关系到学生的认知结构和思维方式的培养，也关系到高校思想政治理论课"立德树人"目标的实现。

第三节　高校思想政治理论课教学语言的锤炼

现代教育背景下的思想政治理论课教学，应依据党的十九大的要求进行创新。因此，高校教师应利用多元化的教学语言，不断丰富课堂内容，使高校思想政治理论课的教学模式得到优化。基于上述观点，本节分析了高校思想政治理论课的本质，探讨了锤炼课堂语言的作用，并根据当前高校思想政治理论课教学存在的问题，提出针对性的解决建议。

高校教师是学生学业的向导，应当以培养学生的思维辨析能力为核心，使学生的道德素养得到全面提升。由此可见，教师应不断优化课堂教学模式，弥补传统教学方式的缺陷，设计出合理、科学的教学语言，从而提高学生的学习积极性和激发学生的学习兴趣。同时，在优化教学语言的过程中，教师也需将思想政治理论课的课程框架融入其中，形成最精简的语言逻辑和语言结构，使学生吸收先进的教学思想内容。

一、高校思想政治理论课的本质

高校思想政治理论课主要以中国特色社会主义思想为本质，让学生在思想政治理论课程中学习与时俱进的思想，有利于让学生在认清自我的过程中了解唯物主义的内涵，培养学生的"公民"意识。因此，充分认识高校思想政治理论课的本质，有利于提高思想政治理论课堂的教学效率。高校思想政治理论课的本质体现在四个方面：第一，理论课内容包括当前社会的发展方向和发展形式，如社会荣辱观和发展性思想的特点。第二，课程侧重对学生性格和差异进行分析，如需要解答学生在人生和生活方向等方面的困惑。第三，需要使学生明白生活和学习的关系，帮助学生厘清学习思想政治理论课的重要性。第四，课程强调对学生综合素养的培养，特别是对学生应变能力的锻炼，使学生逐渐找到最适合其自身的发展方向。

二、锤炼思想政治理论课教学语言的作用

锤炼思想政治理论课的教学语言，能让学生在一定教学计划的范畴内形成发展性的人生价值观，有利于让学生掌握最正确的思想观念。因此，教师需重视锤炼课堂语言，培养学生的思维能力，使学生清晰地认识到正确和错误内容的区别。教师务必精准锤炼思想政治理论课堂的语言内容，理解课程的核心作用。这样做有利于揭示高校思想政治理论课教学的意义。其作用主要包括以下两点：

（一）提高课堂教学效率

思想政治理论课教学应使用精干、简洁的语言，同时利用新媒体突出某一事件的过程及影响。例如，现阶段高校教师借助新媒体技术进行教学，利用精准的语言讲述社会主义指导性思想，这有利于让学生在潜移默化的教学引导中形成社会主义的意识，对提高课堂教学效率是有利的。思想政治理论课程对学生的成长是有利的，高校思想政治理论课教师使用锤炼后的思想政治理论课语言教学能显著提高课堂教学的效率。

（二）突出教学重点

精练的语言能让学生根据板书了解课程的重点。教师通过阐述思想政治理论课的框架，借助相应的教学手段细化某一知识点，有利于加深学生对理论内涵的理解。同时，系统的教学介绍，有利于使学生的物质、精神需求得到满足。此外，学生可借助学习工具了解、掌握相关知识点的运用方法，并在学习中举一反三。这有利于减少学生之间、师生之间的矛盾，从而构建更和谐的教学环境。

三、当前思想政治理论课教学的不足

（一）实践性不足

当前思想政治理论课程的教学内容大多局限于课本。这可能导致实践课程与理论课程相脱节的问题。在此过程中，若教师仅使用板书形式讲述新时期的政治思想，而不对这些思想的内涵进行深度探讨，会让部分学生难以理解这些理论的含义，难以将这些理论运用到生活实际当中，从而降低学生学习课程的积极性。同时，某些理论课程没有实践数据的支撑，未能贯彻"实践是检验真理的唯一标准"的思想，也会对学生的认知理解产生消极影响。

（二）课程活动较单一

思想政治理论课程活动较单一。很多高校在进行相关课外活动教学时，以张贴横幅、发布思想政治理论课宣传单为主。通常这些活动的效果并不是很好，容易使学生产生逆反心理，甚至还会导致学生对思想政治理论课产生抵触情绪。同时，在保证活动安全的前提下，活动课程的设置时间也存在一定的不科学性，如占用了学生的假期或课余时间。这也是导致思想政治理论课程有效性不高的原因之一。

（三）理论内容灵活度不高

高校思想政治理论课多以讲述传统思想理论为主，而这些理论的灵活度不高，有可能导致学生出现早退、逃课的现象。同时，很多教师没有将新媒体教学方式与传统教学模式相结合，或者整节课程以播放电影视频为主，未利用微博、微信、微课等资源，造成了学习资源的浪费。此外，某些学生的学习态度不端正，或者教师未将学生的优势体现出来，导致学生学习精力不集中。

四、锤炼思想政治理论课教学语言的措施

（一）锤炼课堂教学语言，突出教学重点

思想政治理论课是烦琐而又乏味的，这就要求教师要能够把握住教学重心，并围绕这一教学重心进行总结。所以，教师在引出教学问题的同时，需要使用较为精练的语言总结问题所涉及的知识点和相关内容，使学生在认知规律的过程中掌握理论的内涵；不断活跃学生的思维，从而彰显出课程的实践性，具体应从以下几方面锤炼教学语言：

第一，保证政治课程的严谨性。所有理论课程都是非常严谨的，教师需要引导学生以理性、客观的态度看待遇到的问题，使用准确无误、平和的语气引导学生对存在的问题进行或深或浅的探索；以较为正式的形式，引导学生对问题进行推理探索，以此增强概念内容的准确性和严谨性。当学生对某一理论问题存有疑问时，教师也应积极对这一问题进行系统的解答。例如，在湖南工业职业技术学院思想政治理论课堂上，教师引导学生以自己

的认知，讲述"生命接力"的意义。课堂上，一名学生讲述了其自身的经历，并借助视频对该事件进行呈现。由此，学生理解了骨髓捐献的意义，也从这名学生身上学习到了担当和责任的内涵。值得注意的是，这一过程必须保证事件内容的严谨性，这样才能引导学生理解"奉献"二字的意义，也有利于让学生自主发现身边的小事，透彻理解社会主义核心价值观对个人成长的作用。

第二，保证学术语言的规范性。任何政治学术语言都是极其专业的，所以教师需要精准用词，使用规范的术语和有针对性的逻辑进行推理，让学生信服。例如，在讲述"利润和收益的关系"时，教师需要借助对应的生活场景，对所涉及的经济问题进行探知和分析，借助数字阐述问题和事件的真实性。同时，在探讨"经济贸易"这一问题时，教师必须结合各国的经济储备、经济情况进行探索，引导学生利用精准的数字分析基本理论的差异性。

第三，保证理论的关联性。几乎所有的思想政治理论都是有关联的，教师需要分析出理论的层次特点，借助每一层级理论的特点进行条理划分。教师一定要注意简述课程内容的先后顺序，在必要的条例中予以层层推进，使专业的术语得到有效的拆解。这样有利于学生明确学习计划，也能让学生听懂思想政治理论的内容并理解相关理论的内容。

（二）完善理论储备，发挥教学特点

诸多课程理论都是与时俱进的，教师需要不断学习政治基础理论，不断丰富自身的理论储备量，展现出独特的教学特点和教学观念。因此，教师需要掌握国学、历史、政治、经济学、心理学等方面的内容。心理学、经济学能够提升教师本身的素养，有利于让教师根据不同的学生特点进行教学语言分析，同时结合专业性、针对性的事例，从而增强授课的有效性。此外，教师需要展现自身的教学特色，在开展教育的同时丰富课堂内容。

第一，根据教学大纲，策划出导学方向。例如，教师可结合某一政治或社会方面的热点，要求学生从"实验"的角度进行理解，同时对这个问题的答案进行预测和讨论。当学生提出不专业的问题，或是发表调侃性的言论时，教师必须对学生进行有针对性的指导，同时重点强调课堂纪律，使学生在教师的开导下形成严谨而专业的心理，从而发挥课堂教学的导学作用。

第二，结合教学内容，增强课堂的主动性。教师应改变传统思想政治理论课教学模式，使课堂教学侧重对学生的引导和讨论。教师可采用分组教学的模式，将学生分成人数相近的小组，引导学生在小组讨论中进行学习、互动和理解。同时，教师应要求学生探索适合其自身发展的学习方式，利用这一学习方式进行知识学习与记忆，这有利于提高课堂教学效率。

（三）利用新媒体平台，寓教于人

高校思想政治理论课需要更加"亲民"。传统、晦涩的教学语言和教学方式可能会让思想政治理论课堂枯燥无味，难免会削减学生对思想政治课程学习的积极性。对此，教师应采用以下方式进行教学创新：

第一，巧用微课教育，同时借助时尚、热门的网络用语，让思想政治理论课堂不失活力。教师可引入带有正能量的词语，借助诙谐、幽默的语言阐述问题，让思想政治理论课程更生动且富有活力，让课堂教学收到事半功倍的实际效果。

第二，教师应利用微信、微博等平台，设计课堂教学语言，使课堂教学内容不失文学色彩。使用这一方法的主要原因是，"00后"的大学生思想普遍较为前卫，所以教师需要采用更加亲和的网络流行用语进行教学探索，拉近师生之间的距离。但是，也不可过度引用相关网络用语，否则可能会让课堂丧失严谨性。因此，网络教学应做到恰到好处，不可过多。

第三，当思想政治理论教学中出现歧义时，教师应当合理调节讲课音量，切不可让教学过于官方和沉重。特别是出现学生早退现象或学生随意讲话的现象时，教师应及时制止与引导，但不要伤害学生的自尊心。当有学生想在课堂上发表自己的观点时，教师应该利用多媒体平台，鼓励学生利用最合适的方式表现自我，这样有利于缓解课堂气氛。

（四）营造良好的教学氛围，突显教学语言的魅力

营造良好的教学氛围，采用积极向上的态度进行思想政治理论课教育，有利于让学生积极参与课堂探索，使师生的思维、情感、意识产生共鸣。教师具体需要从以下几方面营造思想政治理论课的教学氛围：

第一，教师应深度挖掘现有的教材内容，同时进行思考和总结，将生活中的时事、政治、文化元素融入实际教育，培养学生的发散性思维，使学生能根据课本中的理论知识，联想到涉及的相关案例，增强学生的代入感。例如，教师可对"2020年两会"的内容进行讲解，分析会议内容，培养学生的综合能力，同时让学生积极表达自己对时事的看法。这不仅有利于学生学习现有的知识理论，还能提高学生的课堂积极性。

第二，教师需要采用幽默、风趣的语言讲解具体的知识点，这样做有利于营造良好的教学氛围。例如，教师可引入部分网络词汇，恰当地将其与思想政治理论融合，从而活跃课堂气氛，让学生明白思想政治课堂的作用。但是，教师要注意，过度使用网络词汇会导致对思想政治理论内容的讲解、分析不到位，无法引发学生对某一事件、某一案例的思考。

第三，教师可采用探究式教学活跃传统课堂的气氛，引导学生利用互联网软件（抖音、快手、微博）查询学习资料，同时对某一知识点进行讨论与探知。另外，教师需要锤炼教学语言，采用简单、易懂的语言讲述不同理论的内涵，突显学生的主体地位。这样做有利于学生更深入、更专注地探究具体的学科问题。此外，教师也需要在课堂中融入其他学科的内容，如社会学、心理学方面的内容，同时用恰当的语气，及时关注学生的心理状态，使学生积极主动地进行思考探究。

第四，教师需要在课堂中播放微课内容，可选择有教育意义的社会形势资讯，让学生采用不同的思路进行思考与判断，总结出开放性的答案。教师通过不断丰富现有的教学资源，可以提高教学的灵活度，避免学习资源浪费的情况。同时，灵活、生动的课程也能逐

渐提高课堂的影响力，让学生摆正态度并进行思考探究，进而使学生养成自主思考、综合探究的好习惯。

综上所述，充分发挥高校思想政治理论课的特色，借助时尚、鲜活的教学语言，利用合理的教学方式，有利于营造思想政治理论课的教学氛围。同时，教师也需要不断提升自身素养，不断强化语言的表达效果，让课堂语言具有穿透力，这样做有利于使高校思想政治理论课的教学模式更加多元。

第四节　对分课堂与高校思想政治理论课教学

把对分课堂引入高校思想政治理论课教学，是落实全国学校思想政治教学座谈会精神和思想政治理论课程改革相结合的一项重要举措，也是构建形式多样、内容丰富、教学相长的高校思想政治理论课教学模式的一种创新探索。

一、对分课堂的内涵

对分课堂是复旦大学心理学教授张学新在 2014 年提出的一种创新教学模式。对分课堂中的对分，就是把课堂时间一分为二，一半的时间用于教师对教学重难点进行具体讲授，另一半的时间则用于学生讨论。目前，高校采取的教学模式大多为讲授式、讨论式、混合式。对分课堂这一教学模式从属于混合式教学模式，但不等同于混合式教学模式。

二、传统教学模式的弊端与高校对分课堂的优势整合

思想政治理论课教学的特殊性，要求教师将严谨的理论讲授与学生的积极参与相结合，而这就是典型的混合式教学模式。教师在开学初对学生进行分组，学生按照分组进行合作，一起完成资料搜集、内容整理、课件制作、讲稿撰写和上台展示。在上台展示之前的所有过程中，小组任务可能由学生分工合作完成，也有可能由少数学生完成而大部分学生"搭便车"。在分小组上台展示完毕后，教师对每一组学生的任务完成情况进行点评并打分。这种教学模式从出发点来看是好的，教师讲授知识、学生分工合作，教师分组进行点评，但这种传统的师生互动的教学模式其实存在很大的问题。

（一）传统教学模式的弊端

在传统的讲授式课堂中，教师"满堂灌"，学生"满堂听"。这种教学模式在理科、工科或者是一些偏向纯理论的课程中，教学效果比较好，因为它极大地节约了教学成本，学生可以对理论进行集中学习，课下再进行分析和总结。但思想政治理论课的课程性质是理论联系实际，而且更多的是一种立时的反思。在讲授式的课堂上，学生很难立时将所学的理论与实际结合，与教师产生共鸣，这也是很多思想政治理论课教师即使讲授得非常好，

理论性非常强，但是学生仍不喜欢听课的原因。

还有一些教师，大多是年轻教师，他们往往会运用讨论式的教学模式。比如，讲故事、辩论赛、情景剧、模拟法庭等多种教学形式，课堂内容丰富，学生的参与度也很高。但是，这种讨论式的教学模式往往会占用大量的课堂时间，学生在课堂上收获不多。没有理论指导的形式再好，也只是形式；而好的理论与形式完美结合，才能收到好的课堂教学实效。

还有一些教师只顾紧跟教学计划去完成教学任务，不管学生的考勤和课堂纪律。由于受各方面条件的限制，教学实践活动多流于形式，起不到应有的作用。于是，小组展示也变成了"小锅饭"，这完全与启发式教育的育人目标背道而驰。此时，对分课堂的优势就显现出来了。

（二）对分课堂的优势

对分课堂中的讨论环节应该是在讲授环节完成之后进行的，甚至可以说讨论部分的全过程一定是在讲授部分之后进行的，这才能真正体现出教师教授的效果。其中有一个重要的环节不能忽视，那就是内化。内化意味着学生能够自己去感知内容，并能通过外化的方式表现出来，这是一个独立思考的过程。

对分课堂在形式上有三种类型，即当堂对分、隔堂对分和混合对分。具体采取哪种对分形式取决于课时安排和教学内容，但可以确定的是，这一定是在讲授后开始的，而且要有一个完整的过程。参与讨论的人群，不应该仅限于进行展示的小组成员和教师，而应该是整个班级的学生，这才是真正的全员、全程、全方位育人。那么我们要做的，就是把讨论部分进行细化和拆分。讨论不仅仅是阐述自己的理解，更要提出问题并尝试解答问题。参与讨论的主体应当是整个班级的学生，主要参与者是当天参与讨论的小组成员，乃至当时课堂上的教师。在场其他学生在听完讨论小组的展示后，对其展示内容或者其他相关内容进行提问，小组全体成员尝试解答，也可由非小组成员解答，教师则可以进行总体的知识性引导，也可以一同参与讨论。每个学生的提问、解答、提出的观点都将列入其过程性考核成绩中。学生在每一场讨论中的表现，将直接决定其这门课程的最终成绩，以此调动学生的积极性。讨论内容的范围也应该适当放宽，让学生敢于在课堂上表达自己的真实想法，在讨论中达到真理的升华及教育的目的。

（三）对分课堂与翻转课堂的整合

有一种教学模式与对分课堂的教学方式极为相近，那就是翻转课堂。这种新的教学模式的开发，要归功于互联网对传统教学模式的革新。所谓翻转课堂，即是学生在课前统一观看教师提前录制好的教学视频，并通过查阅资料和自主思考形成自我意识；回归课堂之后，教师不再集中对教学内容进行具体讲授，而是注重与学生的互动，检查学生的课前学习情况，就教学重难点与学生进行讨论，并集中解决学生在学习过程中出现的问题。翻转课堂，对学生和教师都是一种极大的挑战。对于学生而言，他们不仅要主动自觉地利用课外的时间学习，更要从自身的角度提出问题，形成独立的知识架构。对于教师而言，通过网络课程，其在课堂外已经把教学重难点进行了讲解，因此，在课堂上则需要集中解答学生在学习过程中产生的困惑，这就需要教师具备深厚的理论功底和极强的应变能力。毋庸置疑，翻转课堂相对传统课堂教学而言，打破了时间和空间的束缚，极大地增强了课堂的教学效果。那么对分课堂与翻转课堂相比，有什么不同，又有什么优势呢？

其实，对分课堂的提出是晚于翻转课堂的，甚至可以说对分课堂在一定意义上借鉴和吸收了翻转课堂的优势。这两种教学模式都有一个显著的特点，就是教学的主导者不再单纯是教师，而换成了学生。教师则变成了引领者和辅助者，这也是近年来教学改革的大趋势和总目标。对于教育工作者而言，"要我学"和"我要学"所达成的教学效果有着天壤之别。由此可见，翻转课堂和对分课堂可以融合到高校思想政治理论课堂中来。2020年上半年，大中小学多采取了"停课不停学"的教学模式，即学生利用互联网"云上课"。单纯"直播"课的教学模式其实近似于我们传统的课堂教学，而"录课＋直播"的教学模式就类似于"翻转课堂＋对分课堂"融合而形成的教学模式。相信随着互联网的发展，互联网教学会越来越多地融入传统课堂教学中来。"翻转"与"对分"相结合，应该也是今后教育的大势所趋。

三、对分课堂运用于高校思想政治理论课教学中的意义

在"云时代"和"自媒体"时代，学生不再是思想上的"小白"，他们对党、对国家、对社会主义都有自己的理解和感受。网络信息虚虚实实，大学生无法完全鉴别其虚实，这也对高校思想政治理论课教师更好地落实立德树人的根本任务提出了更高的要求。

高校思想政治理论课堂是培养合格社会主义接班人的阵地。对于那些社会上的热点问题，高校思想政治理论课教师要严守自己的阵地；对于一些关键性和立场性的问题，高校思想政治理论课教师要有理有据地给学生进行具体讲授，通过讨论让真理深入人心。同时，高校思想政治理论课教师要尊重学生，要在课堂上赋予学生应有的权利，同时也要让学生清楚地了解自己应当承担的责任，发挥学生的主体作用；教师要从主导者变为服务者、参与者和引领者。目前，对分课堂已经被教育部高校网培中心列为网培项目，可见，对分课堂教学模式的运用势在必行。

（一）全过程育人的重要途径

习近平总书记强调："在大中小学循序渐进、螺旋上升地开设思想政治理论课非常必要，是培养一代又一代社会主义建设者和接班人的重要保障。"全国大中小学都专门配备了思想政治理论课教师，高校思想政治理论课教师也一定要有针对大学生的教学侧重点。如果说中小学更注重知识理论的掌握和爱国爱党情感的培养，那么高校思想政治理论课的重点则是培养大学生的创新思维、大局思维、历史思维、底线思维和辩证思维，使大学生能够运用所学理论对社会上的热点问题做出有理有据的分析与评论。与其说对分课堂是"讲授＋讨论"的教学模式，不如说它是"教师讲授＋学生讲授＋全体讨论"的教学模式。大学

生应具备的不是简单的认识和积累知识的能力，而是一种理性思考、树立正确价值观和积淀情感的能力。

（二）全员育人的重要途径

我国伟大的教育家孔子在两千多年前就曾提出过"有教无类"的教育理念。当代大学培养的人才也应当是德才兼备的优秀人才。高校培养的人才通常是专才，而不是通才。很多学生其实不是不愿意在课堂上表达自己的观点，而是担心回答问题时出现错误。在以前的小组展示中，他们更愿意去搜集资料或者制作课件，但同时又羡慕可以在台上流畅地表达自己观点的学生。因此，教师需要给他们一个表达自己心声的机会。还有一群学生，他们天天摆出一副"与我无关"的表情。对于分组展示，他们选择视而不见，听而不闻，仅仅享受小组集体带来的福利。此时教师有义务，也有责任告诉他们，天下没有免费的午餐，要想获得分数必须靠自己的努力。同时，我们要用理论和事实告诉他们中国特色社会主义的优越性，要告诉他们中国共产党是如何全心全意为人民服务的。要达成这样的目的，对分课堂就是重要的途径。

（三）全方位育人的重要途径

对分课堂的推行，其实对教师和学生都是一种能力方面的考验。对于教师而言，一是，他不仅要充实自己的基本知识储备，还要补充学生可能通过自媒体和书籍中获取的海量知识，尤其是与思想政治理论课密切相关的国内外形势与政策方面的知识。如果说以前"教师要给学生一杯水，自己要有一桶水"，那现在则是"教师要给学生一杯水，自己要有一河水，这个河还得是流动的河"。二是，教师要具备一定的应变能力。将教学的主动权交给学生是一种信任，但教师也必须要对这种信任有能力上的把握。教师和学生相处依靠的是知识、能力和魅力，而非权利，这也是一位合格教师应当具备的课堂组织管理能力。

对于学生而言，开展对分课堂，他们要掌握大量知识、材料，才能对其他同学提出的问题进行有针对性的评析。同时，这种方式也会让学生在语言表达能力、组织能力、应变能力上有所突破。

其实，对分课堂从提出到运用于课堂教学已有数年，这种教学模式也越来越得到教师和学生的认可。不过在信息化技术日益发展的今天，任何教学模式都不可能是永恒的，它也需要不断地与时俱进，适应教育发展的大方向。运用对分课堂教学模式，从表面上看，教师在教学中讲授的时间变少了；但从过程和结果上看，教师的备课量增加、学生的参与度得到提高、教学效果也变得更好了。因此，我们有理由相信对分课堂这一教学模式会成为高校思想政治理论课教学改革的新路径、新方法。

第五节　当代高校思想政治理论课教学的新发展

一、开放性教学

在经济全球化的时代背景下，为了进一步落实教育部关于高校思想政治理论课的"05"方案，增强思想政治理论课教学的针对性和实效性，经过多年的探索和创新，许多高校构建了"以学生为本"的高校思想政治理论课开放性教学新模式。

（一）高校思想政治理论课开放性教学的基本内容

高校思想政治理论课开放性教学的内容十分丰富，它是由开放性教学诸方面、开放性教学诸环境等要素构成的有机整体。思想政治理论课开放式教学的基本内容包括三个层面。

1. 思想政治理论课教学各方面的开放性

思想政治理论课教学各方面的开放性主要包括以下内容：

第一，教学主体的开放性。教学主体有指导主体与学习主体两个方面。教师是指导主体，学生是学习主体。传统的封闭式教学模式片面地强调了教师的主导性，忽视了学生的主体性，压制了学生学习的积极性、主动性和创造性。"以学生为本"的开放式教学模式则认为学生的主体地位更为基础，把教师的主导作用与学生的主体作用有机地结合起来，有利于提高学生学习的积极性、主动性和创造性。

第二，教学内容的开放性。在传统的封闭式教学模式下，思想政治理论课的教学内容僵化，不能和时代同步发展，理论往往落后于实践，导致教学内容缺乏时代感和现实针对性。开放式教学模式要求教学内容必须面向现代化、面向世界、面向未来，密切关注国内外形势和党的方针政策的新变化，及时吸收马克思主义中国化的最新理论成果，使教学内容具有时代感和现实性。

第三，教学形式的开放性。传统的封闭性教学模式通常采用单一的课堂讲授的教学形式，缺乏吸引力和感染力。开放性教学模式要求课堂教学与实践教学相结合、校内主课堂与校外第二课堂相结合、"请进来"与"走出去"相结合、教师讲授与学生发言相结合，要求教师采取灵活多样的教学方法和现代化教学手段，有利于增强教学的吸引力和感染力。

2. 思想政治理论课教学各环节的开放性

思想政治理论课教学各环节的开放性主要表现在：

第一，教学准备的开放性。过去由主讲教师单方面进行教学准备，教学计划、教学大纲很难充分反映学生的实际情况。开放性教学要求教师采取问卷调查和座谈会等形式，了解学生的实际情况与学习要求，吸收学生代表参与教学计划的制定。

第二，教学过程的开放性。鼓励学生提问、发言、演讲或参与辩论，提高学生参与教学过程的主动性和创造性。

第三，教学管理的开放性。吸收学生参与教学管理，形成以学生自我管理为基础，教务部门、学生工作部门、思想政治理论课教学部门齐抓共管的综合管理体系。

第四，考核考试的开放性。建立教师考核与学生自我考核相结合、期末考核与平时考核相结合、理论考试与实践考核相结合、知识考试与能力考核相结合、闭卷考试与开卷考试相结合的综合考核体系。

第五，教学评价的开放性。建立教师自我评价、专家评价、学生评价、社会评价"四结合"的评价体系，以全面评价思想政治理论课教师的教学质量和效果。

3．思想政治理论课教学环境的开放性

开放性教学模式是一个开放性的教学系统，必须创建一个良好的环境，才能增强思想政治理论课的实效性。

第一，要创建和谐的国内社会环境，克服各种不和谐的因素，为思想政治理论课教学提供良好的社会氛围。

第二，要创建一个健康的校园文化环境，加强社会主义核心价值体系的宣传，以科学的理论武装人，以正确的舆论引导人，以高尚的精神塑造人，以优秀的作品鼓舞人，为思想政治理论课教学营造健康的校园文化氛围。

第三，要创建一个科学的制度环境，加强高校思想政治工作的制度建设，推进弹性学分制，建立有效的激励机制，保证高校思想政治理论课的健康发展。

第四，要营造良好的网络环境。要坚持社会主义核心价值体系，加强网络文化建设和管理；要积极建设思想政治理论课教学信息资源网站，多渠道开发和运用思想政治理论课教学信息资源，并坚持教学信息资源的开放性，做到教学信息资源库的共建共享。

总之，高校思想政治理论课开放性教学就是由上述三大基本要素构成的有机整体。这三大基本要素之间是辩证统一、不可分割的。

（二）高校思想政治理论课开放性教学的特点

1．人本性

"人本性"，是相对"物本性""神本性"而言的。"以人为本"，强调人的价值。从价值论视角看，坚持"以人为本"，即强调人的价值的至上性。马克思主义坚持以最广大人民，即绝大多数人为本，坚持以解放全人类、促进每一个人自由全面发展为最终目标。高校思想政治理论课开放性教学是以马克思主义"人本论"为理论基础的。高校思想政治理论课不同于一般的专业课程，它的主要任务是培养大学生的思想政治素质，增强大学生的主体性，这就决定它必须坚持马克思主义的"人本论"。高校思想政治理论课开放性教学的"人本性"，主要体现在三个方面：第一，体现在它把"以学生为本"作为核心理念。"以学生为本"这一理念是构建高校思想政治理论课开放性教学模式的理论基础，是贯穿这一教学模式的中心线索，是渗透于这一教学模式的精神灵魂，是决定这一教学模式性质的精神实质。第二，高校思想政治理论课开放性教学的"人本性"体现为教学方法的人本性。它要求思想政治理论课教师在教学中要关心学生、爱护学生、尊重学生、体贴学生、帮助学生、引导学生，而不能压制学生，更不能打骂学生、贬低学生、伤害学生。第三，高校思想政治理论课开放性教学的"人本性"，还体现在其教学目的是满足学生的精神文化需求，促进学生的全面发展。

2. 科学性

"科学"与"人本"是两种不同的价值取向，科学的价值取向是"求真"，人本的价值取向则是"求善"；科学性属于"合规律性"，人本性属于"合目的性"。高校思想政治理论课开放性教学新模式不仅具有人本性，还具有科学性，是"求善"与"求真"的统一、"合目的性"与"合规律性"的统一。高校思想政治理论课开放性教学具有科学性主要是因为，它是以科学理论为依据，以科学实践为基础，以科学精神为指导，运用科学方法构建起来的。

第一，高校思想政治理论课开放性教学是在坚持科学立场的基础上建构起来的。科学立场，即实事求是的辩证唯物主义立场。它要求我们在思想政治理论课教学中，坚持一切从实际出发，按客观的教学规律办事，求真务实，做到"不唯书、不唯上、要唯实"。

第二，高校思想政治理论课开放性教学是以科学理论为依据的。马克思主义理论是人类历史上最科学的世界观和方法论，是追求真理、探索真理、揭示客观规律的行动指南。高校思想政治理论课开放性教学是以马克思主义为理论基础的。马克思主义关于"以人为本"的思想是"以学生为本"这一新的教学理念的哲学基础。马克思主义既是科学的世界观，又是科学的方法论。高校思想政治理论课开放性教学就是以马克思主义为指导，运用马克思主义的科学方法论建构起来的。高校思想政治理论课开放性教学不仅以马克思主义为理论基础，还批判地吸收了现代西方教学理论中的合理成分。例如，人本主义教学论、建构主义教学论等，都为思想政治理论课开放性教学提供了科学的理论依据。

第三，高校思想政治理论课开放性教学模式是一个完整的科学体系。它由"一个核心理念"与"三个基本要素"构成，层次清楚，逻辑严密，具有系统整体性特征。离开了系统整体性，高校思想政治理论课开放性教学模式就不能成为一个科学体系。高校思想政治理论课开放性教学新模式是一个有机的整体，"一个核心理念"与"三个基本要素"有机结合，缺一不可。

第四，高校思想政治理论课开放性教学采用了科学方法。高校思想政治理论课开放性教学运用了马克思主义的科学方法论。唯物辩证法是分析问题和解决问题的最一般的科学方法论。这一教学模式正确地处理了教师指导主体与学生学习主体的辩证关系、科学性与人本性的辩证关系、教学管理与人文关怀的辩证关系、校园内部环境与外部环境的辩证关系、传统教学手段与现代教学手段的辩证关系、传承科学文化与创新科学文化的辩证关系、传统思维方式与创新思维方式的辩证关系，充分体现了唯物辩证法的思维方法。此外，高校思想政治理论课开放性数学还采用了现代科学方法，如系统科学方法、创新科学方法等。

3．和谐性

"科学性"的价值取向是"求真"，"人本性"的价值取向是"求善"，"和谐性"的价值取向是"求美"。高校思想政治理论课开放性教学的"科学性""人本性""和谐性"等特点，体现了其价值取向的多样性和统一性，实现了"真、善、美"的有机统一。高校思想政治理论课开放性教学具有和谐性的特点，主要体现在以下几方面：

第一，教学主体的和谐。教师是"教"的主体，学生是"学"的主体。在开放性教学过程中，师生是完全平等的，教师坚持"以学生为本"；学生对教师十分尊重，师生之间互教互学、相互关心、相互爱护、相互帮助、相互理解，这样就形成了和谐的师生关系。只有形成和谐的师生关系，才能有效地开展开放性教学。

第二，教学内容的和谐。目前，高校思想政治理论课是"4+1"的课程体系，即《马克思主义基本原理概论》《毛泽东思想和中国特色社会主义理论概论》《中国近现代史纲要》《思想道德修养和法律基础》以及《形势与政策》。各门课程之间要协调统一，避免矛盾冲突，每一门课程的教学内容都要体现和谐性，各章节之间既要避免重复，又要避免矛盾冲突。教材内容与新增教学内容要和谐统一，既要以教育为基础，又要吸收本学科研究的前沿成果，在和谐的基础上实现教学内容创新。

第三，教学内容与教学形式之间的和谐。高校思想政治理论课的教学内容是多样的，不同的教学内容应当采取不同的教学形式。唯物辩证法认为，内容决定形式，形式为内容服务。这就要求我们根据教学内容的特点选择与之相适应的教学形式。比如，《中国近现代史纲要》的教学内容具有历史性特点，这就要求我们采取历史事件专题式教学、历史名胜参观等教学形式来进行教学，这样可以提高学生的学习兴趣，增强教学效果。

第四，教学方法与手段的和谐。开放性教学的方法具有灵活性，各教学环节要协调统一，要做到教师讲授与学生发言的协调统一、理论教学与实践教学的协调统一、专题式讲解与研究型教学的协调统一、课堂理论教学与课外文化活动的协调统一、传统教学手段与现代教学手段的协调统一。教师通过教学方法与手段的和谐统一，增强思想政治理论课教学的吸引力和感染力，以及教学的艺术性。

第五，教学实践与教学环境之间的和谐。思想政治理论课教师要认真研究和分析国际国内形势、社会环境、校园环境、网络环境及其对大学生的思想影响，调查研究大学生和社会公众普遍关注的热点难点问题，通过课堂教学对这些问题加以有针对性的解释，增强教学的现实针对性和实效性。

二、实践教学

（一）高校思想政治理论课实践教学的基本内涵

顾名思义，实践教学应是一种教学活动，实践则是达到教学目标的途径和手段。在这一教学过程中，因为实践环节突显，学生学习的积极性和主动性被充分调动起来，学生不再是教学内容的被动接受者，而是教学活动的积极参与者。这里可以把思想政治理论课实践教学界定为：思想政治理论课实践教学是把理论与实际、课堂与社会、学习与研究紧密联系起来，培养学生联系实际思考问题、运用理论分析问题、自主研究解决问题等实践能力的多种教学方式的总和。

与一般的实践活动相比，尽管高校思想政治理论课实践教学具有实践活动的某些特征和形式，但在本质上不同于一般的实践活动。就目的而言，一般的实践活动是改造客观世界、实现客体价值的客观活动，而思想政治理论课实践教学则既传授马克思主义基本原理等方面的知识，以改造主观世界为目的，又旨在优化主体能力和素质。它是一种现实性活动。本质上，思想政治理论课实践教学仍然是一种教学活动，只不过是一种实践化、应用化了的教学活动。

对高校思想政治理论课实践教学的理解，需要强调以下几点：

第一，从形式上理解，高校思想政治理论课实践教学可以分为狭义和广义两种。狭义的思想政治理论课实践教学是指利用社会实践等教学活动开展的教学。广义的思想政治理论课实践教学指的是除了理论教学之外的所有与实践有关的教学。它可以体现在课堂教学之中，也可以体现在课堂教学之外，尤其是体现在课堂教学之外。

第二，思想政治理论课实践教学是培养学生运用理论观察社会、认识社会、思考人生这一实践能力的一个环节。它与其他大学课程一样，需要科学的规划和系统的培养。作为大学生的必修课，思想政治理论课的教学目的、教学方式都必须符合教育教学规律，它的政治功能必然建立在实现规范的教育功能的基础上才能实现。就如同各个专业有一个课程体系一样，思想政治理论的各门课程也构成了一个相互关联的课程体系，这些课程的共同目标是对学生进行马克思主义理论与思想政治教育。那么，培养学生运用马克思主义理论分析问题、解决问题的实践能力，也应该像学生的实习、实验、学年论文、毕业论文一样，是检验培养目标的一个重要环节。

第三，思想政治理论课实践教学不能简单等同于思想政治理论课实践性环节，而是实践性学习与研究性学习并重的教学。思想政治理论课实践教学是以思想政治理论课学科理论为基础和载体的，这就决定了思想政治理论课实践教学除了具有本身固有的实践性学习特点外，还具有研究性学习的特点。目前，作为高校课程体系的一部分，高校思想政治理论课既强调理论性，也强调实践性；既强调认知性，也强调活动性；既重视大学生理论修养的培养，也重视大学生品德修养的培养。思想政治理论课实践教学强调的研究性学习与实践性学习并重的学习方式，主要是指学生在实践过程中，以类似科学研究的方式主动获取并综合运用知识，内化有关政治理论和道德知识，主动培养自己发现问题、分析问题、解决问题的能力，树立科学的世界观、人生观和价值观。

第四，从教学目的理解，高校思想政治理论课实践教学可以分为以思想教育为主的、以服务社会为主的，和以培养能力为主的思想政治理论课实践教学。

（二）高校思想政治理论课实践教学的特点

1. 目标性

思想政治理论课实践教学目标是指在一定的条件和环境下，人们期望思想政治理论课实践教学活动达到的结果。实践教学目标要服务于高效思想政治理论课的总目标，即把大学生培养成为中国特色社会主义事业的建设者和接班人。思想政治理论课实践教学的目标包括以下几个方面：

（1）教育目标。此处专指高校思想政治理论课实践教学的"育人"功能，即寓教于行，以行育人，让学生在实践生活中认识社会、认识人生、接受教育、学会做人；在实践中，引导学生深入思考，运用辩证的方法分析各种问题，从而使学生加深对马克思主义基本理论的理解；加深学生对党和国家方针、政策的认识；促使学生树立科学的世界观、人生观和价值观；增强学生培养良好道德品质的自觉性，并引导学生正确面对"应该做什么，不应该做什么""做什么样的人，怎样做好这样的人"的问题。比如，思想政治理论课实践教学就是要让学生认识到劳动是光荣的、实践是有益的、为人民服务是崇高而神圣的，进而让学生认识到只有把自己的前途和命运与祖国及人民的前途和命运联系起来，才能实现其人生价值。

（2）能力目标。能力目标是指教师在借助实践教学活动帮助大学生完成从书本到现实、从理论到实践的思想飞跃的同时，使大学生在各个方面都能够得到较好的锻炼。在实践教学活动中，教师要充分依靠和发挥大学生的力量，让他们参与实践活动的策划、准备和组织，从而达到锻炼、提高大学生创新能力和组织管理能力的目的；通过参观访问、社会调查等实践活动，培养大学生观察问题、分析问题的能力；通过撰写调查报告或研究论文，提高学生的写作能力和开拓进取的精神；通过开展各种社会公益活动和社区服务活动，引导大学生走出校门，到基层去，到工农群众中去。这样不仅可以使大学生认识社会、认识人生，还可以帮助大学生解决知行不一致的问题，使大学生在实践过程中不断提高把认知转化为行为的能力。

（3）政治素质目标。政治素质目标是指通过实践教学把大学生培养成为中国特色社会主义事业的建设者和接班人。思想政治理论课实践教学活动能够引导大学生去探究现实社会中的各种现象和问题，并且运用所学理论去分析这些现象和问题，提出解决问题的办法；使大学生在探讨、研究各种现象和问题的过程中，坚定社会主义信念，明辨是非，不断完善自我，从而提高大学生的思想政治素质，使其健康成长为中国特色社会主义事业的建设者和接班人。

2. 自主性

高校思想政治理论课实践教学打破了传统课堂教学形式的强制性，更强调活动主体的自主性，强调学生的主体地位和主观能动性。在思想政治理论课实践教学活动中，教师的教学在大多数情况下是一种协助式、筹划式、组织式的教学，学生在教师的指导下自主组织、安排实践教学活动。学生可以根据自己的能力水平、兴趣爱好、专业特长等自主选择活动项目，确定自身角色，自觉、自愿参与其中。这体现了学生不仅是教育教学的对象，还是学习的主体，是有思想、有感情的主体。

3. 针对性

思想政治理论课实践教学是增强思想政治理论教学效果和提高学生运用理论观察问题、解决问题的能力的重要手段，必须要紧紧围绕课堂教学的理论内容来设计和开展。因此，实践内容的选择一定要有针对性：一是，理论基础要有时代性。在课堂教学中，教师要整合、调整、充实思想政治理论课的教学内容，在教学内容中更多地融入反映时代呼唤和要求的重要内容，使高校思想政治理论课教学跟上社会发展的步伐。二是，实践内容要有现实性。实践的内容要紧扣时代主题，紧密联系现实社会和改革开放成果方面的热点问题。三是，教师要考虑不同学生的要求。实践的内容要考虑不同专业、不同年级的学生要求。

4. 参与性

高校思想政治理论课实践教学将深刻的理论思维与鲜活的感性体验相结合，通过强烈的现场参与感，使学生积极主动地参与高校思想政治理论课实践教学。思想政治理论课实践教学具有内容上的直观性和对象上的互动性。思想政治理论课教学的内容、形式及取材不再是刻板艰涩的概念、判断、推理等逻辑形式和逻辑演绎，而是活生生的事实、图像和景观，以及真切实在的亲身体验，这种教学形式可以达到思想理论教育"润物细无声"的理想教学境界。思想政治理论课实践教学有利于突出学生的参与性；彻底改变了学生被动接受的学习地位，使其积极主动地融入，甚至决定谁来主导整个教学环节；充分张扬了现代教育要求的学生主体地位，体现了现代教育发展的趋势。

（三）高校思想政治理论课实践教学的实施

高校思想政治理论课实践教学是大学生了解社会，服务社会，增长才干，形成正确的社会认知和世界观、人生观、价值观不可或缺的活动过程。思想政治理论课教师要顺利开展实践教学活动，通常需要通过以下几个环节：

1. 设计可行的实践教学方案，精心策划选题

思想政治理论课实践教学一定要注意坚持联系教学内容的实际，做到有的放矢，因此，必须在学生开展社会实践前设计可行的教学方案，精心策划好社会实践的选题。学生一般根据选题来确定相应的社会实践内容和方式，当然，教师也可以根据当地的实践教学资源来确定相应的社会实践选题。选题一定要突出主题，教师可以根据当前国内外的热点问题，以及关系普通百姓和学生实际的问题来确定选题的主题，也可以根据学生专业、年级的不同来确定选题的主题，如医学类专业可以策划适当突出医药类的选题。同时，选题也要有系统性。教师可以根据不同的内容对选题分门别类，集中汇编在学生实践手册上，供学生选择和参考，让学生结合实际和现实进行调研，撰写调研报告。没有明确主题的实践教学

会很容易使学生陷入盲目学习的误区，使实践流于形式，难以达到思想政治理论课实践教学的目的。

2. 严格培训，加强指导

大学生往往缺乏调查研究的能力，因此，在学生实践前，教师要组织学生进行必要的培训，让学生了解思想政治理论课实践教学的目的和要求。在培训中，教师应重点指导学生如何利用假期在校外进行社会实践，特别是如何开展社会调查和社会服务。例如，怎样选择调查和服务类型、怎样联系调查和服务对象、怎样实地开展调查活动、怎样解决遇到的困难和问题、怎样撰写调查报告等。为使培训收到效果，教师要向学生介绍思想政治理论课实践教学大纲，编发实践手册、选题汇编、调查报告、注意事项等辅助材料。

3. 建立严格的思想政治理论课实践教学评估考核机制

构建合理的实践教学综合评估考核体系，是确保实践教学实效性的重要环节。这既包括对教师实践教学的考核评估，又包括对学生实践的考核评价。对教师的实践教学进行考核评估，主要是考评教学计划是否科学，是否得到贯彻实施；教师是否及时总结每次实践教学的经验，教学组织是否到位，教学效果是否明显，其中也涉及教师工作量的考核。教师工作量应参照专业课教师指导学生实习及批改实习论文的标准计算，按照教师指导学生实践的情况和指导学生的班级数，计算相应的工作量，以此来对教师的实践教学效果进行综合考评。对学生的实践学习效果的考评主要包括学生参加实践教学的态度、学生在实践活动过程中的表现、对学生实践成果水平的考核。建立规范、合理、客观、系统、多元的实践教学考评体系并加以严格考核，是促进教师认真教学、学生认真参加实践，确保思想政治理论课实践教学实效性的重要环节和手段。

4. 及时总结，表彰先进

要使思想政治理论课实践教学真正获得良好的效果，教师就不能让学生上交一篇调研报告后就结束考评，而必须及时督促学生进行调研总结，评选出优秀调查报告，对优秀学生进行表彰，以激发学生参与实践的热情和积极性。学生上交调查报告以后，教师必须根据考核要求，及时对调查报告进行认真、公正的评审，并写出评审意见。同时，教师可以选出一定数量的优秀调查报告汇编成册，作为思想政治理论课实践教学的成果，甚至可以对那些真实可靠的优秀调查报告进行适当的修改后，推荐到相关报纸、杂志上发表。调查报告评审完以后，教师应及时召开总结表彰大会。在会上，可以先由教师对整个社会实践的各个环节进行总结，对学生的调查报告进行点评，然后由学生发言，畅谈社会实践的心得和体会，互相交流经验，最后由教师对优秀学生和优秀调查报告进行表彰与奖励。

总之，在高校思想政治理论课实践教学开展之前制定周详的教学方案，在实践活动之中进行精心的组织和深入细致的指导，在学生实践活动之后有客观与公正的总结、评价和奖励，是思想政治理论课实践教学活动开展的重要环节，是确保高校思想政治理论课实践教学实效性的重要途径和手段。

三、案例教学

（一）案例教学的含义和基本特征

案例教学是以案例为基本教育信息载体，以教师引导学生分析案例（教师主导、学生主体式的学教并举）为主要教学结构理念，以突显学生的主体地位、提高学生分析和解决实际问题的综合能力为首要目标的一种教学组织形式。具体而言，案例教学有以下三个基本特征：

第一，案例教学以案例为基本教育信息载体。这是案例教学与传统教学方式的最大区别。传统教学方式往往以固定的教科书为基本教育信息载体，学习的内容往往是各学科领域中比较稳定的、公认的知识与结论。案例教学由教师根据具体教学内容和教学目标的需要，选编对某一实际情境进行客观描述的案例作为学习材料。学生在案例学习中的活动，主要围绕案例来进行，学生通过对案例的分析与讨论达到学习目的。

第二，案例教学要突显学生的主体地位。尽管在传统教学方式中，我们也强调发挥学生的主体作用，但实际情况往往是教师以权威的姿态呈现信息，学生接受、理解、记忆信息，学生的主体地位体现得不够明显。案例教学则突显了学生的主体地位。案例教学的典型特征是强调学生学习的主动性、参与性。在案例教学中，为了解决案例揭示的问题，学生需要独立搜索、查找、阅读、理解和分析资料，获取信息，提炼观点。学生在案例教学中要承担比传统教学方式中更大的学习责任。学生的学习积极性、主动性和创造性能够得到充分和有效的发挥。

第三，案例教学以教师引导学生分析案例为主要教学结构理念。在传统教学方式中，教学过程是教育信息从教师向学生单向传递的过程；是由教师根据教学目标的要求，选定合适的教育信息，通过讲解或其他言语教育方式将公认、客观而稳定的知识、技能、思想、观念等传递给学生的过程。案例教学与此不同。案例教学的主要教学形式是教师引导学生分析案例。在案例教学中，教师依然是重要的信息源，但教师发挥的作用主要是启发和促进意义的建构，即教师依靠自己丰富的经验和对学科知识的宏观把握与理解，为学生提供分析与讨论案例的方法和策略上的指导。当学生遇到困难时，教师不直接告知其答案，而要引导学生自主查找、理解和选择信息，最终解决问题。在案例教学中，教师的角色不再是预定知识的传递者，也不再是问题答案的提供者，而是学生学习的引领者、组织者与促进者。

（二）高校思想政治理论课案例教学的特点

作为一门理论性较强的学科，思想政治理论课的案例教学除了具有与其他学科案例教学的相同之处以外，还有与其他学科案例教学不同的特点。这些特点主要表现为以下几个方面：

第一，在案例教学的宗旨和目的上，高校思想政治理论课是大学生思想政治教育的主渠道，是帮助大学生树立正确世界观、人生观、价值观的重要途径，体现了社会主义大学的本质要求。作为一种教学组织形式，思想政治理论课案例教学必然要服务于这一教学宗旨和目的。而其他学科的案例教学是通过提供各种典型的过程案例，使学生联系实际掌握所学的知识点，并能灵活运用；培养学生掌握书本知识以外的实践经验和实际工作的能力。

第二，在教学案例的选择上，思想政治理论课教学案例的覆盖面相当广泛，包括自然界、人类社会和思维等各领域的案例，教师要根据教学需要选取案例。这对教师的案例甄选能力提出了更高的要求。而其他学科则是依据其教学内容在具体领域中选择各种类型的案例，用于扩大学生的知识面，培养学生的应用能力和工作适应能力。

第三，在案例教学的应用范围方面，其他学科的案例教学已作为该学科教学的主要手段和方法，运用得非常普遍。美国哈佛商学院工商管理专业中90%的课程教学都运用了案例教学法。案例教学法已成为全世界工商管理界认同的教学方法。但由于思想政治理论课教学内容大多是概念、规律、范畴、论据和论述过程，并不适合全面采用案例教学，因此，教师需要根据具体教学内容酌情安排。在进行思想政治理论课案例教学时，教师一般要选择在解决核心问题、重点问题、关键问题时引入典型案例，起到画龙点睛的作用；此外，还需要穿插讲解相关的教学内容，并通过学生的阅读和理解来实现全部内容的教学。

（三）高校思想政治理论课教学案例的甄选

案例的选择是案例教学的首要任务。案例的质量直接决定了案例教学的效果。经典的教学案例有助于增强思想政治理论教学的针对性和实效性；案例选择不当则可能使思想政治理论课效果不佳。因此，选择经典的教学案例，是成功实施案例教学的先决条件。教师在选择案例过程中，要特别注意以下几方面：

第一，所选案例应与教学内容一致。运用案例教学的目的是更好地实现教学目标，增强教学效果。因此，所选案例不能脱离教学内容。教学案例必须和教材内容紧密联系，并力求突出教学重点与难点。教师在备课时要注意搜集、整理与教材内容相关的案例，然后加以筛选，将那些与授课内容联系最密切的典型案例进行认真整理，反复推敲，以供课上使用。在选择案例时，教师应明确此次案例教学要达到什么目的、解决什么问题，要做到心中要有数。如果将那些与教学内容联系不太密切的案例作为教学资料，不但不能帮助学生掌握教学内容，而且还会浪费学生宝贵的学习时间，甚至可能将学生带入迷途。因此，在选择案例时，教师要反复斟酌，再三推敲，不合适的案例坚决不用，不能说明教学内容的案例无论怎样生动都不能采用。

第二，所选案例应具有典型性。教学案例的典型性即代表性。案例应具有典型意义，应反映政治理论的普遍性，避免因案例不够典型而误导学生以偏概全地推出伪科学。同时，案例要能明确反应主要原理和规律。因为如果案例与要揭示的思想政治理论之间的对应关系不明显，就会使学生在分析、讨论案例时走弯路，甚至步入思维误区，而难以在短暂的课堂时间内掌握主要知识。对典型案例的理解和分析，有助于学生掌握基本理论、基本方法和原则，有助于拓展学生的思维，提高他们分析问题和解决问题的能力。

第三，所选案例应该具有启发性。案例教学的目的在于开发学生的智力，培养学生分析问题、解决问题的能力。因此，所选案例应揭示一定的实际问题，突出启发性，能给学生留下一定的思考空间，促使学生积极地思考问题。学生只有经过认真分析和思考，才能够对案例中的问题做出解释和处理。具有启发性和探究性的教学案例，有助于锻炼和提升学生的思维能力，使学生在掌握政治理论的同时，形成积极的学习态度。

第四，选择案例应注意时效性。所谓时效性，是指所选案例应紧扣时代主题，体现具有时代性的新鲜内容，触及社会发展中最前沿的问题，贴近当代大学生的思想实际。新颖、生动的案例更容易引起学生的兴趣和关注，使学生在兴趣的引导下真正地投入案例的分析和探讨中，真正由自己"悟"出相应的道理，这样获得的知识才更容易实现内化。

四、反思性教学

（一）反思性教学的含义

所谓反思，顾名思义，即自我省察、回顾的意思。就是行为主体对自身既往行为及相关理念自觉进行换位思考的认识活动和探究活动。反思的指向主要是过去的意识和行为，具有价值评判的性质。事实上，"反思"一词本身就含有"反省""内省"之意，从本质上来说就是一种批判性思维，即通过对自己的思想、自己的心理感受等的思考，审视、分析当前的认识活动。教学中反思的内涵是立足于教师自身之外，是对教师自身的教学思维和行为的一种批判。反思的目的既是帮助学生回顾过去或培养其反思的意识，也是帮助教师指导即将在未来进行的教学活动和教学实践。反思联系着思维和行动，以确保反思的结果能够在教学实践中得到检验。高校思想政治理论课反思性教学，就是在思想政治理论课教学实践过程中，教师对自身的教学行为不断进行反思的一种行为，是对教学行为和教学过程进行批判的、有意识的分析与再认知的过程。它需要教师在教学实践活动中积极关注自身的教学行为和具体的教育情境，以开放的心态接纳不同的观点，从多个角度积极思考问题、研究教学活动，并对自己的选择与行动负责。

（二）高校思想政治理论课反思性教学的特点

反思性教学和传统教学相比，主要有以下几方面的特点：

1. 目的明确性

反思性教学是教师对自身教学活动的回顾过程，是一种目的明确的研究过程。从直接层面上说，是教师对自身教学过程中"教什么""怎样教"和"为什么这样教"的省察和反思。从更深层次上说，是教师对自身的师德修养、教学理念、师生关系等的理智化的暗示、假设、推理和检验。因此，反思性教学的目的在于有效解决教学中的问题并提高教学质量。它首先关注教学的目标和结果是否有效达到，是否具有明确的目的。

2. 科学探究性

探究即探讨和研究，是人们认识、理解和改造周围世界的重要方式。反思性教学观是建立在现代教学理论基础上的科学教学观，其基本观点与传统消极学习观相对立。它以探究和解决教学基本问题为基本点，因此具有探究的性质。另外，反思是在回忆或回顾已有的心理活动的基础上找到其中的问题以及答案，也就是从活动的经历中探究其中的问题和答案，重构个人的理解，激活个人的智慧；反思不仅注重问题的解决，更注重学习创造性与主体性人格的培养，并以此作为反思性教学的主要目的。

3. 思维批判性

反思性教学强调教师对教学行为的积极思考与批判分析，反对机械的灌输和简单的重复。同时，它又是有探究取向的，要求教师以批判的眼光看待教学中出现的问题，并善于通过积极地探究寻求问题的答案。通过对教学实践的反思，教师可以自觉地对自身已有的教学活动，以及教学活动中涉及的相关因素进行持续的、批判性的审视、思考、探究和改进，从而调节并改善自身的师德品质，不断提高教学能力和教学质量。从实质上说，反思思维是批判性思维，经常批判性地、反复地深入思考问题，知识结构就会进一步完善、牢固，思路会更开阔、更灵活，见解会更深刻、更新颖。学生在批判中学习，教师在批判中教育。教师要善于思考，勤于探究，从而使自己更加睿智和成熟。

4. 对话合作性

反思性教学强调教师个人的自我反思、教师间和师生间的合作对话、专业研究人员的专业引领，以及全员跟踪推进。这是实施反思性教学的四种基本力量，缺一不可。反思性教学是一种群体反思活动，除了强调师生之间在课堂内的双向反思探索活动之外，还要求教师之间、教师与专业人员之间在课前、课后进行群体性的交往与沟通，反思教学中存在的各种教学问题，探讨解决问题的方法、途径，以利于教学实践的日趋合理。

5. 实践操作性

反思性教学以解决问题为基点，立足于教学实践行动中客观存在的真实问题，得益于行动研究的实践运用。反思性教学过程中的行动研究是实践和反思相结合的研究。它以教学实践为基础，使教学理论与教学实践联系在一起，直接指导教学实践，使特定情境中的教学实践者能够对自己的教学情境有真正的理解，并做出明智而谨慎的决定。因此，反思性教学通过行动研究的运用，更加重视教学的实践操作性；同时，也追求教学实践的合理性，这必然要求反思后的新的教学假设和新的教学改进也要经过实践检验。

（三）高校思想政治理论课反思性教学的具体应用

反思性教学与常规教学相比具有许多优势和特色。然而，反思性教学在思想政治理论课的教学模式中还属于"新生事物"，在应用中还会遇到这样或那样的问题和挑战。具体来讲，教师需要注意从以下几个方面来加强反思性教学：

1. 将教师主导作用和学生主体地位相统一

反思性教学的目的主要有"学会教学"和"学会学习"两个方面，因此，要充分发挥教师的主导作用和学生的主体作用，实现教与学的统一。反思性教学过程既是知识的传递过程，也是知识的生成、创新过程。教师和学生在知识的生成过程中是平等的两个主体。教师的职能由"教"转为"导"，教师不再是单纯的知识传递者，而是学生学习的组织者、促进者和辅导者，师生应形成一个"学习共同体"。教师不仅要指导学生学会通过各种渠道学习知识、储存知识，更要引导学生学会选择、判断、运用、创造知识，保证学生的学习朝着正确的方向前进。教师要将学生置于课堂的中心位置，走到学生中间，营造师生之间、学生与学生之间平等、和谐民主的学习氛围，建立起民主平等、相互信赖的师生关系，以平等的身份参与教学，发挥学生的学习积极性。在教学过程中，教师要面向全体学生，给他们主动参与教学活动及表现、发展能力的机会；在与学生的思想交流中，促使学生反省、反思，调动学生的情感、兴趣、意志等非智力因素，让学生在问题化的情境中发现问题、提出问题、解决问题，教师只是给予学生系统的学法指导。

2. 加强对信息收集与处理的指导

思想政治理论课属于人文学科，具有综合性和多样性的特点。其教学内容与社会生活息息相关。每一个置身于社会生活之中的人，都会对各种社会现象形成自发的、朴素的认识。当前，世界经济全球化和政治格局多元化，国内多种经济成分和多种分配方式并存，随之而来的是社会分化为多种利益群体和不同阶层，社会组织形式多样化、生活方式多样化、就业岗位和就业方式多样化。这些社会存在反映到社会意识中，就表现为价值取向的多元化。来自社会的各种信息以及教学主体的多元化价值观念，都是丰富的教学资源。教师要在信息收集处理方面加强对学生的指导，提高学生思考、追问、评判、创新知识的能力，开发学生的智力和张扬学生的个性，以实现教学实践的合理性。

收集信息的途径有很多：既有物质的，如教科书、博物馆、遗址、纪念馆、文化馆、自然和人文景观等；也有人力的，如教师、学生、家长等。既有校内的，如图书馆、教室、实验室等；也有校外的，如展览馆、博物馆、历史遗迹、现代化新农村等。既有显性的，如教科书、文献、网络、图片、录像、影视作品等；也有隐性的，如爱国精神、献身精神、奉献精神、教师的反馈、学生的反馈等。教师要引导学生走出教科书，走出课堂和学校，开阔学生的视野，引导学生收集大量丰富的信息。这样可以有效地克服以往思想政治理论课课堂信息狭隘的局限性，提高教学效率。同时，教师如果能指导学生将这些信息资源去粗取精、去伪存真、由表及里、由此及彼，收集、筛选、比较、确定，并指导学生对处理后的信息加以很好的利用与开发，相信对高校思想政治理论课的反思性教学是大有裨益的。

3. 注意加强对结论多样性的保护

反思性教学要求教师学会促进以学习能力为重心的学生整体个性的和谐健康发展。这就要求教师要与学生真诚地沟通，尊重学生的人格，营造民主、平等、开放的氛围，让学生畅所欲言，保护结论的多样性。对此，教师可以从以下三个方面着手：一是，教师要承认学生的独立思考和探索是有意义的；二是，当学生质疑教师的观点，发表不同的看法时，教师要清醒地意识到，这是学生生命自主意识积极活动的表现，应对这样的学生加以激励和表扬，不要认为学生的质疑是对自己的不尊重，而对其进行严厉批评；三是，要解放学生的思想，给学生提供积极的个性化思考和自主探索的时间和空间。

4. 教师要注重自身素质的提高

课堂教学是一门充满遗憾的艺术。一堂课很难做到十全十美，即使教师已在课前精心准备，深思熟虑，课上表现得精彩纷呈；但是课后细细琢磨，总会有令人感到遗憾、急需弥补之处。科学、有效的反思可以减少遗憾。反思性教学是教师专业发展和自我成长的重要途径。在教学中，教师要不断反思教学观念。反思性教学的本质是一个"提出问题—探讨研究—解决问题"的过程。教师以问题为情境，自觉地把自己的课堂教学实践作为认识对象，进行全面、深入、冷静的思考，再以体会、感想、启示等形式进行总结，经常反思。"多思则活，思活则深，思深则透，思透则新，思新则进。"教师要不断增强自我反省的意识和提高自我监控的能力，不断提高自身素养，提升自身发展能力，由"教书匠"发展为教育家、研究者，进而逐步完善教学艺术。

第四章 新时代高校思想政治理论课教学模式的优化与改革

第一节 和谐视野下的大学生思想政治教育模式

作为培养与造就德、智、体、美、劳全面发展的社会主义事业建设者和接班人的摇篮，高等学校是构建社会主义和谐社会的重要阵地。因此，构建大学生思想政治教育模式应以和谐为理念。和谐的本质和内涵、提出的时代背景与中国传统文化中丰富的和谐思想，决定了高校要将大学生思想政治教育纳入和谐视野下。和谐视野下的大学生思想政治教育模式，从教育目标到教育内容、教育主客体、教育环境、教育方法、教育管理等各方面都相互协调、匹配，共同作用于大学生的全面、协调发展。

大学生思想政治教育模式就是在一定思想政治理论的指导下，为解决大学生思想政治教育问题而构建起来的教育目标、内容、方式、方法、手段、机制等方面的综合性理论模型和实践范式。可想而知，一个行之有效的思想政治教育模式对解决大学生思想政治教育问题有着重要的理论和实践意义。

大学生是党和国家宝贵的人才资源，是建设和谐社会的重要力量。加强和改进大学生思想政治教育，促进大学生全面和谐发展，是建设和谐社会的必然要求。将大学生思想政治教育纳入和谐视野，是由其本质和内涵决定的。在和谐视野下构建大学生思想政治教育模式，既是对大学生思想政治教育工作的正确认识，也是对以往某些思想政治教育模式的反思。

一、大学生思想政治教育目标的和谐

以往的大学生思想政治教育在教育目标的定位上模糊不清。早期的教育目标定位在"精英"型教育，偏重对大学生进行政治教育、理想人格教育、高尚道德情操教育，偏离了学生的学习、生活、思想，实际效果不理想。大学扩招以后，大学教育开始从"精英"教育走向平民教育，倡导一种"大众"型教育，强调德育本身是面向大众、面向生活的，大学培养的是参与社会的公民，而不是社会精英或者楷模。这种以平凡代替高尚的教育，

虽然是对过去"精英"教育的一种反思，但失去了思想政治教育的本质特征。

在和谐视野下，我们重新审视大学生的思想政治教育，其目标应该是培养和谐的人，造就和谐的人；就是要使每一个学生都有健全的人格、健康的心理，有正确的世界观、人生观和价值观；能合理地处理个人与自然、个人与社会错综复杂的关系，做到融入自然、融入社会，全面发展。这是一个大的目标体系，应该由若干个子目标构成：

低层次目标——培养学生成为健全的人；

中间层次目标——培养学生成为社会的人；

高层次目标——培养学生成为一定阶级的人。

这些高低不等的目标构成了一个完整和谐的目标体系，每一层级的目标都不可或缺，也不可偏废。

二、大学生思想政治教育内容的和谐

和谐视野下的大学生思想政治教育要求思想政治理论课教育内容的各要素间比例适当、相互协调，有机结合，构成一个整体，既要有高层次的政治教育，又要有知识教育、思想教育、道德教育、心理健康教育、法纪教育等。和谐视野下的大学生思想政治教育是一个内容层次高低不等但都不可偏废的有机系统。

此外，大学生思想政治教育也不能缺少生活教育，毕竟教育的根本目的就是教会学生在社会生活中立身处世，学会做人。杜威提出了"教育即生活"的教育思想；我国著名教育家陶行知则提出了"生活即教育""社会即学校"的教育思想。生活教育要求德育从纯粹的理性世界和理想世界中走出来，回归丰富多彩的现实生活世界；在德育目标上，实现由约束性德育向发展性德育的转变。高校思想政治理论课教师应注重引导学生学会做人、学会关爱、关注生活、珍爱生命、懂礼貌，以及具有良好的行为习惯等基础德行；在德育内容上，高校思想政治教育内容应植根于现实生活之中，服务生活，突出"生活性"。高校思想政治理论课教师应注重培养学生的责任心，进行诚信教育，即注重学生诚信品质的培养，进行同情心及爱心的教育等。

三、大学生思想政治教育工作中主客体的和谐

在传统的思想政治教育理论中，教育工作的主客体是不和谐的，没有考虑到学生在受教育活动中的积极主动性，违背了思想政治教育形成的规律，也违背了教育的根本目的，实际效果较差。近几年来，"以人为本"的教育理念盛行，该理念提倡学生的自主认识、自主选择、自主思维、自主控制以及自主完善等；在教育内容的选择上，倡导关注学生的生活世界，贴近学生实际，依靠学生，相信学生；在德育方法上，倡导对话教育、体验教育、自我教育、个性化教育；在教育管理上，要求人性化管理。

提倡主体性教育无疑是教育理念上的一大进步，也是破解大学生思想政治教育实效性

低这一难题的良方。但与此同时，我们仍应看到，思想政治课教师一般都掌握了一定的理论，具有一定的教育经验和能力，他们是思想政治工作的组织者、策划者、实施者和调节者，在思想政治教育工作中发挥着主导作用。在发挥自身教学主导作用的同时，他们还要促使学生发挥他们在学习中的主观能动性作用，倡导学生自我教育。这对教师和学生的要求都很高，不是每个教师和学生都能做到的。且在某些高层次教育内容的教育上，学生确实还需要教师的引导、说理和灌输，这更需要教师发挥其主导作用。

因此，思想政治教育工作是"双主体"的工作，离开任何一方的主体性，思想政治教育工作的有效性都会受到影响。只有当双方的主体性都得到充分体现时，思想政治教育工作才能取得成功。

四、大学生思想政治教育环境的和谐

环境是指影响人的思想政治道德素质形成、发展和教育工作者德育活动有效性的、具有内在逻辑联系的一切外部因素的总和，具体包括社会环境、学校环境和家庭环境。

社会环境对大学生的影响是无处不在的。这要求全社会共同努力，构建平稳有序的经济环境，健全和完善政治制度，有效利用与改造文化环境，为大学生创造符合社会需求、符合社会主义核心价值观的思想政治教育环境。

学校环境会对大学生的思想和行为产生更直接的影响。学校环境可分为教学与学习环境、管理与校风环境、人文与硬件设施环境。其中，最重要的是构建和谐的校园景观环境。在校园景观的设计上，要寓德育思想于校园规划建筑设计之中，整体渲染和突出校园基本建设的育人功能；科学布局学校建筑，充分体现大学的文化氛围，收到一种导向、调适效果；精心营造优美洁净的校园环境，让学生在优美的环境中陶冶情操。大学的人文环境是大学文化内涵、精神底蕴的重要表现，它无时无刻不在影响着置身其中的每一个学生。为此，高校要重视品味高雅的人文环境建设并发挥其教育功能。

家庭环境主要由家长的职业、文化程度、经济状况、思想政治道德素质等方面构成。家庭是社会的基本细胞，一个人出生后的多数时间是在家里度过的，家庭教育对一个人的影响是终生的。马克思认为：人是环境的产物，人的思想的形成和发展离不开一定环境的影响。家庭环境就是最典型的代表。通常，从优良的家庭教育环境中走出的大学生受家庭教育的影响，在大学里品学兼优、好学上进、道德高尚；在走出大学校门后，大多也会成为社会的栋梁之材。因此，可以说家庭教育是大学生思想政治教育的基础和保障，不论时代和生活格局发生多大变化，我们都要重视家庭环境建设，注重家风对大学生思想政治教育的独特作用。

五、大学生思想政治教育方法的和谐

传统的思想政治教育方法由于存在着明显的弊端，近年来一直备受诟病。一些新的教育方法，如生活教育、成长教育、网络教育等受到追捧。其实，各种教育方法都有优劣，各有不同的适应对象和适应内容，应该互相补充、相互匹配。大学生思想政治教育方法的和谐，主要体现在以下几个方面：

（一）显性教育法与隐性教育法的和谐

显性教育法是指充分利用各种公开的手段、公共场所，有领导、有组织、有系统地利用思想政治教育方法进行的教育。理论教育方法、宣传教育方法、实践教育方法、疏导教育方法、榜样示范方法、批评教育方法等都属于显性教育法。它的优点非常明显：具有系统地传达社会主义主导思想理论与价值体系，并促进学生主动或被动接受教育的功能，同时它还具有鲜明的思想导向和政治动员的造势能力。但显性教育法的缺点也非常明显，比如，有些道德教育内容难以通过直接的显性教育法教授给学生，而且这种方法容易给学生一种"强迫灌输"的感觉，使学生产生一种逆反心理，制约大学生对教育内容的理解、接受和内化，这在很大程度上影响了思想政治教育的实际效果。

隐性教育法近年来在思想政治理论和实践两方面都很受欢迎。与显性教育法相反，它是一种不为教育对象自觉意识到自己在受教育的方法。这种方法强调环境氛围的育人功能，重视良好环境氛围的营造，主张通过暗示、启迪、引导和激励等手段，使学生在身边环境的影响下，潜移默化，接受一定社会要求的世界观、价值观、道德文化等。隐性教育法弥补了显性教育法的缺陷：它把教育内容分散"渗透"在大学生生活的各个方面，在不知不觉中影响大学生的思想道德价值观念。这种把抽象的理论寓于具体情境的方式，极大地减少了大学生的逆反心理，而且对他们的思想、道德认知和行为产生了一种无形的但有足够深度的影响，教育效果持久而稳定。但这种方法也存在一定的缺点：由于缺乏系统性和规范性，思想政治教育处于一种松散的状态，没有明确的德育目标，极大地削弱了思想道德教育的权威性，影响了思想道德教育的效果。

由此，我们可以看出，显性教育法和隐性教育法可以互相补充，能够弥补对方的不足，在思想政治教育中可以协同作战、相互渗透、相互协调。

（二）灌输法与体验教育、成长教育的和谐

一方面，灌输法仍是大学生思想政治教育的主流方法。思想政治教育带有强烈的意识形态色彩，其规律要求思想政治教育工作者必须对大学生进行科学理论的灌输。另一方面，体验教育、成长教育在大学生思想道德的培养上具有突出的优势。

体验教育是建立在尊重学生主体地位的基础上，按建构主义原理而生成的一种教育方法。这里的品德学习不是道德知识的简单转移和传递，而是在活动中主动建构自己德行的过程。体验教育要求学校有效地组织道德实践活动，创设富有感染力的真实的道德情境，

引发学生对道德的切身体验，使其理解社会的道德要求，并内化为自己的思想和行为。这种教育方法尊重学生的主体地位，符合学生的思想形成规律，教育效果持久而稳定。

成长教育是组织学生按照一定的规范要求参加各种实践活动，或是使其在日常生活的行为规范中逐步形成良好的思想品德和行为习惯的一种教育方法。成长教育认为思想品德的形成是日常生活行为习惯养成的，它注重对学生良好行为习惯的培养，并通过这种良好的行为，让学生逐渐形成道德意识，进而内化为自己的道德思想。这种教育方法很好地弥补了传统德育"只进脑不入心，学生的道德知识不能转化为道德行为"的缺陷，且学生一旦形成了良好的行为习惯，就不会轻易改变。

（三）课堂教学与网络教育、心理咨询的和谐

课堂教学作为传统的大学生思想政治教育手段和方法，有其显著优点。但随着现代科技的发展，网络进入大学生的生活且成为一种生活方式。学生在网络中学习、交友、娱乐，在网络中传播信息也被信息影响。教师如果不重视网络教育，就失去了思想政治教育的一种重要载体，容易造成思想政治教育的盲区。此外，利用心理咨询进行人生观、价值观教育、道德教育、社会适应教育、完善人格教育等，是对课堂教学的有益补充。当今大学生面临人生、理想、专业学习和求职就业等一系列重大问题，心理压力会越来越大。大部分多学生的思想问题归根结底是心理问题，这就要求我们用心理咨询的方法，提高大学生的心理素质，使其形成健全的人格，进而做好大学生思想政治教育工作。

六、大学生思想政治教育与管理的和谐

管理也是大学生思想政治教育中的重要一环。管理的目的很明确，就是通过各种法律、法规及规章制度来约束人的行为，使大学生按照公共的要求和道德规范参与社会生活，正确处理人与人、人与社会、人与自然的关系，这与思想政治教育的目的是一致的。教育通过内在的思想来管理人；管理通过外在的约束来教育人，教育与管理是和谐的。

在管理工作中，教师要注意科学管理与人本管理的和谐。科学管理强调目标管理、严格的规章制度和计划明确的职责和任务，而人本管理指基于学生的独立人格、自由个性和情感需要，灵活艺术地开展学生管理活动，强调以"学生"为中心，把发展学生、解放学生作为管理的目的。这两种管理模式应相互匹配，既要有严格的规章制度，加强学生的日常管理，又要施以人性化管理，发展大学生的智慧和能力，尊重他们的需求；同时，要采用说服教育、感情投入、关心体贴、形象影响、心理沟通、激励尊重等柔性管理方式，把组织者的意愿和管理者的目标变为大学生自发或自觉的行动。

只有在和谐理念下构建一个和谐的大学生思想政治教育模式，使思想政治教育的各方面、各环节都相互协调、匹配，才能最大限度地发挥思想政治教育工作的"合力"，使思想政治教育工作落到实处。加强和改进大学生思想政治教育工作，是培养全面发展的大学生，实现大学生与社会和谐、与人和谐、与自身和谐、与自然和谐的重要途径。和谐视野

下的思想政治教育与管理，对大学生的成长具有潜移默化的影响，对大学生学习如何做人、做事、做学问起着引导作用。和谐视野是以校园为纽带的各种教育要素的全面、协调、整体优化的育人氛围；是学校教育各子系统及各要素间协调运转、相互依存、相互协调、相互促进的状态；体现了以人为本、民主法制、公平公正、充满活力、诚信友爱、安定有序、文明整洁的根本要求；有利于提升学校与社会互动、教与学相长、自然与人文共融、学校各项事业协调发展的整体效益。在和谐视野下，高校及其思想政治理论课教师应创新大学生思想政治教育工作的模式和方法，切实加强和改进大学生思想政治教育工作模式，促进大学生全面和谐发展。

如何把握大学生的现实思想特征、赋予大学生思想政治教育时代内涵，是一个值得深入探讨的话题。构建社会主义和谐社会的理论是加强和改进当前大学生思想政治教育的理论先导。在和谐视野中审视和增强大学生思想政治教育效果，符合大学生的成长实际、适应和谐社会人才培养要求；对开创大学生思想政治教育的新局面、为社会主义和谐社会的输送高素质的建设者和接班人，具有十分重要的意义。

第二节　融媒体时代大学生思想政治教育管理模式

社会科技的快速发展最大限度地推动了融媒体时代的发展。在此情况下，高校教师必须要与时俱进地转变思想政治教育的管理观念。高校思想政治理论课教师除了要对现阶段的社会发展情况进行详细的分析和研究之外，还需要进一步考虑教育管理的各方面要求和学生实际的发展需求，在教育管理过程中不断增加融媒体手段和全新管理理念的应用。

融媒体时代的发展为学生获取信息提供了多元化的渠道，大部分学生在实际学习和生活中，都能够利用互联网或者其他设备来获取各种信息。但是，这也意味着学生很容易受到网络上各种不实信息和不良观念等消极内容的影响，从而对学生正确"三观"的形成和大学生思想政治教育管理工作造成极大的阻碍。因此，高校教师需要紧随时代步伐做出管理调整，并借助各种先进的管理观念和高效快捷的管理方式来开展具体的教育管理工作。

一、融媒体时代大学生思想政治教育管理模式存在的问题

在教育体制随着教育发展不断进行改革的情况下，高校实际推行的教育制度和管理模式与现代教育的需求和社会的发展存在一定差距。全新推行的教育制度要求学校的制度管理者负责组织与开展针对全校学生的思想政治教育，但由于受教育需求和教育环境的影响，大部分高校的制度管理者通常是由书记和校长两个人共同担任的。两人的教育理念会存在一定的差异。这种情况可能会导致学生必须要接受来自不同教育理念的管理。这容易使学生德、智、体、美、劳的发展出现较为严重的分裂状态。最新推出的高校教育体制决定由

校长全权负责思想政治教育管理，但大部分的学校校长并没有投入相应的财力、物力与人力来支持思想政治教育工作，也没有从学生的角度来分析和管理教育问题，从而使高校的思想政治教育管理工作存在较为严重的缺乏完善体制的问题。另外，相对较多的高校都利用行政方法来开展管理工作，并没有根据学生的实际情况推行因材施教的教育理念，在工作中没有科学合理地利用目标管理法，也没有引入先进的理念和现代化技术来辅助开展管理工作，可能会导致实际的思想政治教育和管理工作出现偏离目标的现象。

二、全面加强融媒体时代大学生思想政治教育管理的有效措施

（一）加强教育管理体制的建设

在社会快速发展和教育体制不断改革的情况下，传统的思想政治教育体制已经不能满足当下教育工作管理的需求，因此，高校教师必须要通过创新和改革寻求教育管理方面的突破。为此，高校需要对原有的党委组织推行的体制进行改革与创新，充分考虑学生的发展需求和教育管理要求，及时转变落后的管理理念。校党委和校长要根据相关的管理标准来开展每个阶段的工作，并根据具体的管理情况进行管理方法和模式的调整，以最大限度地提高教育管理配合的默契度，进而快速地完成全新教育管理体制的全面建设。

例如，相关管理人员可以根据学生群体、教师群体，以及专任教师、职能部门教师等不同的群体，进行思想政治教育内容的筛选和整合，对管理工作进行科学的语言组织和精确的内容筛选，并将相关的管理结果及时地推送给不同的群体。这样才能使教育管理工作更加深入人心、细致入微。另外，校长和校党委还必须全面加强宣传管理队伍的建设，为管理工作涉及的文字、美编、摄像、采访等人员提供相应的设备和较好的工作环境，这样才能确保管理部门快速、及时地获得第一手教育管理信息。高校也可以加强新闻传播方面的专业知识教育或者增加对专业人才的招聘，引导校级管理人员和教师形成互联网思维，进而更好地将新媒体运用在教育管理工作中。

（二）借助融媒体手段进行管理

高校可以充分借助各种高效、快捷的网络途径和多媒体教育手段开展具体的教育管理工作，加强校内教育工作管理评价平台的全面建设，确保实际的教育工作开展情况能够被管理人员了解和控制，以便管理人员根据相关的要求对管理工作进行有效的指挥和调整。高校也可以引入具有较高科学化、科技化水平的评估管理系统，利用信息化手段对实际的思想政治教育开展情况和各阶段管理工作出现的问题进行详细的调查，根据科学的评估标准对其进行全面透彻的分析。

例如，构建由团委和党委宣传部为中心的校园宣传橱窗、官方微信公众号、学校校刊、学校官网等的党委新闻媒体宣传平台；建立以 QQ 智慧校园、高校团委官方微博、官方微信平台、校园报社、广播台为主的校团委融媒体平台；由教师组织学生建立相应的学生协会、学生社团、学生会等辅助管理组织；根据思想政治教育管理的需求，安排相应的微信

公众号、微博等管理方式和渠道；安排专业的教师负责管理学生的思想政治教育活动，利用各种高效、快捷的媒体渠道和方法实现编辑整理、搜集素材、自主策划等相关操作，并将整理后的内容发布在高校的媒体平台上；还可以和本地的融媒体机构进行合作，将校内优秀的政治教育成果和管理成果报送到日报、电视台等机构进行宣传，通过各种新媒体平台最大限度地发挥思想政治教育管理工作的影响力和凝聚力。

教师要想结合融媒体时代的优势开展具体的思想政治教育管理工作，除了要充分利用传统教育管理过程中的优势之外，还必须借助各种有力的媒体环境和途径来加强思想政治教育管理力度。教师要在全方位地加强传播具有较强严谨性和科学性的思想政治教育内容的情况下，更好地掌握高校教育管理各方面发展的具体情况，并根据反馈信息对管理工作进行相应的调整和改进，从而为大学生思想政治教育管理工作在新媒体时代取得较好的成就奠定良好的基础。

第三节　学习共同体视域下的大学生思想政治教育模式

随着社会经济的不断发展，我国高校教育也进行了不断的改革和创新。其中，高校思想政治教育的模式已成为高校教育改革的重要内容之一，也是教育界很多专家重点研究的课题之一。随着社会的不断进步，我国不仅需要创新能力和实践能力较强的人才，还需要高水平的思想政治人才。很多高校都对思想政治教育模式进行了积极的探索，也获得了一些显著的成绩，而将学习共同体应用在大学生思想政治教育中，是一个创新的教育方式，有着传统教育模式不能比拟的优势。

一、学习共同体的概述

学习共同体来源于"共同体"和"实践共同体"，是两者紧密连接起来的产物。学习共同体是指学生和教师连接在一起，两者在共同的学习活动中围绕一个主题，在相同的学习氛围中，通过活动、参与、反思、对话、合作解决问题等多种模式，构建的一个具有独特文化氛围的动态结构。在学习共同体中，教师和学生能够在共同的学习活动中展开充分的交流与沟通，不同的主体对彼此的学习资源进行学习和共享，继而促使学习主体之间相互学习知识，交流情感、思想等。在共同学习的过程中，教师和学生之间的关系会变得更加和谐。在学习和沟通中，学生不仅获取了知识，也收获了快乐。可以说，学习共同体不仅是一种学习的组织方式，也是一种能够促进人际交往和谐的重要途径，同时是一种科学育人的重要形式。在学习共同体的组织学习方式中，教师和学生以一种对等的关系沟通交流，不仅促进了信息之间的相互流通，也实现了师生之间的情感交流。

二、学习共同体的基本特征

学习共同体主要具有三个方面的基本特征：

（一）学习共同体有共同的学习目标

学习共同体的基础是共同的学习目标，只有设定了共同的学习目标，学习共同体才能发挥出应有的作用。学习共同体是以共同学习目标为根本的学习组织形式，这个形式可以通过班级、小组等形式进行。同时，学习共同体的学习组织形式也是分层次进行的，这个层次是可以深入扩展的。本节所讨论的学习共同体主要是以班级和小组模式进行的学习形式。在以学习共同体为基础开展的班级或者小组学习活动中，学生和教师都有一个相同的学习目标，都是针对一个问题展开讨论和行动的，或者针对某一个话题进行热烈讨论。在这个共同的学习目标下，教师和学生之间能够产生多种影响，并且使他们的长处和优势得到最大限度的发挥。在这个共同的学习目标下，小组成员之间是相互依存、相互作用的，他们共同构成了一个完整的整体。学习共同体相同的学习目标对个体或者组织都是有利的。其一，这个共同的学习目标能够给每一个个体强烈的归属感和动力，促进组织个体不断地进步和发展；其二，共同的学习目标能够为组织中的个体提供共同发挥力量的平台，每一个成员都可以参与其中，共同促进学习目标的实现。

（二）学习共同体重视个体之间的顺利沟通和相互尊重

学习共同体以班级的形式展开。在这一过程中，教师和学生能够进行彼此之间的交流与沟通，并且在一定的学习氛围中进行思考与评判，进而实现对知识的理解和掌握。在学习共同体的课堂学习中，两个交往的主体是教师和所有的学生，教师和学生之间是一种对等的关系。学习共同体的学习主体不只是以教育对方和改变对方为目的，而是成为一种在一个共同的话题中相互合作和沟通的"你"和"我"，教师和学生变成了同一活动的参与者。在这样一种新型的关系结构中，学生不再只是被动地接受教师所传授的知识，而是一个积极参与知识学习和探索的主体；教师也不再是过去传统的知识的教授者，而是学生思想和学习上的引导者。

（三）学习共同体帮助师生共同成长

在以学习共同体为学习组织形式的课程教学中，教师和学生是一个对等的动态关系。首先，教师的教学不再只重视对知识的传授，而是引导学生自主学习，教师从中起引导的作用。另外，在教学中，教师也不再只是教学的主导者，教师不仅可以扮演知识传授的角色，也可以扮演学习交流中的参与者，有时候甚至是被教育的人员；同时，学生在接受教师教育的时候，也可以成为教育教师的人员。在学习共同体组织的教学活动中，学生和教师是学习的双主体，他们对学习有着同等的权利和责任。教师和学生相互合作，相互交流，通过一系列的共同活动实现知识的交互、情感的交流，最大限度地发挥出彼此的优势和作用，并且使自己和对方的知识变得更加丰富，从而收到更好的学习效果。

三、学习共同体在大学生思想政治教育中的作用

学习共同体的组织教学形式对大学生思想政治教育有重要的作用和影响，其价值和作用主要可以通过以下几个方面体现出来：

（一）学习共同体是增强教学效果的重要方式

学习共同体和高校的思想政治教育是相互协调的，是完全符合高校思想政治教育目标的学习组织形式，将学习共同体应用在高校思想政治教育课程中，是一种增强教学效果的重要方式。思想政治教育是高校教学中一个重要的组成部分，与其他的课程教育相比，高校思想政治教育课程显得很特殊。思想政治教育不仅重视对学生知识的教学和传授，更加重视引导学生树立正确的世界观、人生观和价值观。高校思想政治教育是为了帮助学生学习马克思主义理论、社会主义核心价值观，培养学生发现问题、分析问题以及解决问题的能力，这些方面的目标只依靠教师的课程教学是不能实现的。学生在形成正确的价值观前，需要先形成理性思维的习惯，需要培养一定的情感共鸣能力，同时，学生思维方式的培养也需要其自主的探索和学习。而在学习共同体的教学模式中，高校思想政治教育课堂将会以小组的形式开展，在设定一定学习目标的情况下，学生能够更加积极和主动地参与学习、讨论，主动地学习和思考。而且通过积极主动的探索，学生的思维能力会得到大幅度的提升。学生和学生之间能够在相互的交流和沟通中，彼此相互作用和影响，进而加深学生对知识的理解和掌握，并使学生对思想政治教育中科学的价值观有所认同。

（二）学习共同体是增强教学针对性和实效性的重要方式

学习共同体给予教师和学生一个自由沟通的空间。在这个学习空间里，教师和学生的地位是平等的，这是思想政治课教育中教师了解学生、学生认同教师的重要前提，教师能够有计划地设置出教学的形式和课堂的情景教学，进而增强思想政治教学的针对性和实效性。例如，最早把共同体的概念引入到教育教学领域的美国教育学家杜威在《民主主义与教育》一书中提到："在共同、共同体和沟通这几个词之间，不仅字面上有联系，人们因为有共同的东西而生活在一个共同体内；而沟通乃是他们达到占有共同的东西的方法。"在高校思想政治理论课教学中，教师承担的任务比较重。教师不仅需要对教科书有深入的了解，明确地知道教学的目标、内容和任务，还需要对学生的真实想法有深刻的了解，了解学生关注的问题、了解学生掌握的知识、了解学生的内心世界。只有这样，教师才能做到与学生相互了解。基于这样的基础，教师在课堂教学中才能设计出适合学生或者是学生感兴趣的内容，激发学生的兴趣和学习动机，引导学生参与课程教学。教师需要根据学生现有的知识基础，为学生构建新旧知识的关系，并以此为切入点引导学生参与讨论，以启发的方式引导学生养成思考的好习惯、自主掌握知识的规律、自觉改正思想上的不足，引导学生的学习朝着有意义的方向前进。

（三）学习共同体是弥补应试教育不足的重要方式

在传统的教学模式下，教师重视学生的成绩与分数，在教学过程中也经常采取灌输式的教学方式。这种教学方式有很多的不足，它不仅限制了学生的天性，也限制了学生多样化的发展。而学习共同体是对传统教育模式的一种反击，它否定了将学生作为知识容器的教学方式，反对灌输式的教学，提倡交互式的教学形式，认为教学过程是一种对话的过程，是教师和学生之间互相学习、交流、理解的过程。通过教师和学生之间的对话，学生能够对自己有更深刻的认识，学会理解他人、学会与别人交往，激发学生的理性思维，使其形成批判、反思的思维方式，培养其创新思维的意识。因此，将学习共同体应用在高校思想政治教育中，能更好地培养学生的学习能力、沟通能力、实践能力以及创新能力，对培养社会主义合格接班人起着重要作用。

四、学习共同体视域下高校思想政治理论课教学模式的构建策略

（一）构建共同学习的、和谐的人际关系

采用学习共同体模式的高校思想政治教育，需要以构建和谐的人际关系为前提。学习共同体模式下的高校思想政治教育是一个教师和学生交互的过程。在这样的教学课堂中，教师和学生完全地信任这个教学课堂，课堂成为学习双主体互相学习的家园。教师和学生之间的关系只有维持和谐的氛围，学生才能更加放心地学习，才能获得精神的归属，进而对思想政治教育的目标有所认同，主动地参与学习过程，共同致力于完成学习目标，在学习的过程中共同进步。高校思想政治教育要构建师生和谐的关系，一是需要对现有的师生关系进行反思。教师应该以"以人为本"的教学思想进行教学，重视学生学习的主体地位，在教学中应该关心学生、爱护学生、尊重学生，并善于发现学生的潜能以及优势，适时地激发和鼓励学生勇于表现自己，不能对学生有过高的要求，对学生的缺点也要包容。二是教师应该重新认识学生之间的关系。教师应该善于引导学生树立正确的竞争意识，杜绝学生之间的不良竞争关系，应该让学生深刻地认识到，不通过交流和沟通而获得的知识是不完善的。学生只有主动与他人分享自己学习中的发现，才能实现与同学之间的情感共鸣和知识的交互。

（二）构建共同的、互动的学习平台

每一个学生都认真地学习并不等同于学生成为"学习共同体"，学习并不是孤军奋战，而是学生之间相互合作和配合。学习共同体是学生相互合作、交流、沟通，进行情感和知识共享的平台。教师要善于调动学生参与学习沟通的主动性，为学生构建一个互动的平台。一是，教师需要以思想政治课教学内容为基础，为学生设计出他们感兴趣的话题或者问题，只有学生对这个话题或问题感兴趣，他们才更加愿意参与教学讨论的活动，才能培养学生之间的默契，最大范围地扩展学习信息，提升学习的效率。二是，教师作为教学的组织者，

需要对学生的心理特点和学习基础有深刻的理解，提出合适的问题，并且能够对不同的学生采取适当的引导方式，这也是对教师教学能力的一个重要考验。

（三）营造良好的共同学习氛围

高校思想政治教育通过创设问题，促使学生能够在相互合作的基础上对知识进行分析和讨论，分享自己的意见和观点，使学生能够深刻地认识到学习是一件快乐的事情。首先，学习共同体模式下的高校思想政治教育的重要内容就是培养学生之间合作的能力，以及对彼此欣赏的能力。因此，高校思想政治理论课教师需要为学生营造一个良好的学习氛围，鼓励学生相互学习、相互欣赏，通过分享获取快乐。其次，学习共同体模式下的高校思想政治教育是培养学生合作意识的教育，教师需要多通过小组学习的形式，让每一个学生都能感受到集体的归属感和荣誉感。最后，教师还需要培养学生的宽容意识，在学习共同体下，学生的思想和知识水平都是不一样的，不同的知识有不同的来源和背景，教师不能对知识进行等级划分，而应该鼓励学生在讨论问题的过程中各抒己见。

综上所述，经过高校对学习共同体的不断研究可以发现，学习共同体能够让学生通过实践体会到自身的价值，也能够激发大学生对思想政治学习的兴趣，促使学生主动学习，不断成长，真正感受到学习思想政治教育的意义，从而寻找到自己人生的方向和价值。

第四节　大学生思想政治教育的互动模式

思想政治教育的主体间性转向研究是思想政治教育的前沿课题之一。主体间性思想政治教育不是对主体性思想政治教育的否定，而是在继承的基础上对主体性思想政治教育进行现代修正，是重新确立和超越，即由单极主体性走向交互主体性。尽管对于"教师—学生"的"主体—客体"关系向"主体—主体"关系的转变，学界仍存在争议，但是对于教师和学生在思想政治教育活动中的平等互动关系，学术界已形成了普遍共识。然而，从思想政治教育的实效性角度来看，教师和学生共同作为思想政治教育主体存在的交往互动模式，较以往的"主体—客体"模式对学生的影响并不显著，这对深入研究主体间性思想政治教育提出了要求。

一、大学生思想政治教育系统中的主体

高校主体间性思想政治教育是在扬弃了传统思想政治教育主客体关系的基础上建立起来的，强调思想政治教育活动参与者之间的平等互动关系。其理论基础是马克思关于人的本质的论断。马克思说："人的本质并不是单个人所固有的抽象物。在其现实性上，它是一切社会关系的总和。"由此把人理解为现实的、活生生的、具体的人，人是一种社会实践的存在。在实践活动中，人把自身以外的一切存在变成自己的活动对象，变成自己的客

体；与此同时，也就使人自己成为主体的存在，就出现了主体和客体两个哲学范畴。在人的活动中，人属于能动的主导的个体，人是活动的发动者、组织者和承担者，即人是支配人的活动的主体。对象在人的活动中处于主体之外，其存在不以主体为转移，是受动者，处于被动的从属的地位，这就意味着它是人活动的客体。主体和客体是对立统一的关系，即主体与客体在实践活动基础上，以主体为核心建立的自觉的对立和统一关系。其统一的性质是主体将客体同化，使主体的需要得到满足，同时主体自身也得到改造，主体的能力提升到新的水平。马克思揭示了一个基本事实，人的主体能力来自实践活动，主体性也只能由实践活动的性质所决定。

大学生思想政治教育活动的特殊性决定了学校、教师和学生共同作为思想政治教育的主体存在。大学生思想政治教育活动是教育者按照一定的社会要求有目的地影响学生思想政治素质提高的过程。它是从外部对学生施加积极影响的过程，也是教育者和学生共同参与、相互作用的过程。这个过程受到三方面因素的影响：一是，教育者施加的自觉影响，包括教育个体和群体，如学校教师、家长及其他社会群体和高校思想政治理论课教师所施加的直接和间接的影响。二是，社会环境因素的自发影响。对于大学生思想政治教育而言，学校成为各种环境因素的主导者，良好的思想政治教育氛围在思想政治教育活动中发挥着积极、正面的作用。三是，学生施加的自觉影响。学生认同教育目标和教育要求，独立做出判断和选择，自主调节行为，并在实践中完善自身的品德，丰富和发展社会道德规范的自主性、能动性和创造性。如果学生不能认同教育内容的价值，与教育者之间较少互动，较少配合教育者，思想政治教育的效果就会受到极大的影响。在实际工作中，上述三个方面紧密联系在一起。

一般认为，教师和学生是思想政治教育过程的两个主要因素，然而，如果缺少了环境因素，思想政治教育也不能完成，环境因素是思想政治教育必不可少的因素之一。在高校思想政治教育活动中，对人的思想品德形成、发展产生重要影响的环境便是由学校主导的。学校是思想政治教育活动提供的必要物质条件，通过各种政策和制度对思想政治教育的精神氛围起着决定性的影响。此外，社会政治、经济和文化等大环境也主要通过学校这个小环境作用于教师和学生。学校、教师和学生在思想政治教育活动中的地位是平等的，如果没有学校和教师的存在，也就不会有所谓的学生，反之亦然，三者之间是一种相互依存的关系。学校、教师和学生有意识地依据自身发展的需要影响教育活动，使自身得到改造，进而使自身综合素养提升到新的水平。因此，包括以集团形态存在的学校及学校内教师和学生共同构成了思想政治教育活动的主体。

高校主体间性思想政治教育不是对马克思主客体关系的否定，而恰恰印证了马克思主义的"人的社会"和"社会的人"的思想。思想政治教育并非单纯地传授思想观念、政治观点和道德规范的知识教育过程，而是一种涵盖历史、文化特质的社会交往活动。高校思想政治教育活动是在教师和学生之间展开的，教师与学生之间没有相互交往，就不可能有思想政治教育活动。在交往活动中，学校、教师和学生都表现出能动性、自主性和创造性。

思想政治素质形成的过程，既是学生主体内部矛盾运动的过程，也是一个学生主体与外界各种影响作用的过程。在这一过程中，教师、学校和学生之间形成了相互依存和相互影响的交往互动模式。

二、"学校—教师—学生"的互动模式

现实中的人都是生活在一定社会关系中的人。在社会关系中所处的不同地位，人们产生了不同的利益、思想和感情，造成了个人或集团区别于他人、他集团的特殊性质。作为思想政治教育主体的学校、教师和学生，也因其在社会中所处的不同社会地位而具有不同的发展要求，这种发展要求是通过三者间的良性互动实现的。互动的过程是三方在平等原则基础上进行交互并实现共赢的过程。

学校作为一个学习型组织，承担着传授知识、培养人才和生产新知识的责任，是以追求教师和学校共同进步和共同发展为宗旨的教育组织。它通过各种规章制度对教学过程进行管理，对教学环境进行塑造，以保证正常的教学秩序，进而在教师和学生的成长过程中起到积极的推动作用，最终实现自身的发展。正如马克思指出的："关于环境和教育起改变作用的唯物主义学说忘记了：环境正是由人来改变的，而教师本人一定是受教育的。"马克思在肯定客观环境作用的同时，也肯定了人对环境进行改造的能力。既然人的性格是由环境造成的，那就必须使环境成为合乎人性的环境。大学生思想政治教育的环境感染着学校、教师和学生，影响着学校、教师和学生的发展，学校、教师和学生也在互动中塑造着环境。从学校的角度来看，学校只有做到以人为本，从教师的成长、学生思想政治素养的形成的角度出发，变重权力、重机构的管理理念为服务理念，才能发展成为一个充满活力的生命体。因此，学校不仅应该为教师和学生提供表达意见的平台，让其参与学校的管理过程，更应该自觉地接受教师和学生提出的合理建议，积极主动地营造有本校特色的文化氛围，在同教师和学生的互动中逐渐发展壮大。

教师是学校的主要力量，教师的全面发展是学校发展的基础和保障。教师的专业水平和人格魅力，在学生思想政治素养形成过程中起着关键作用。而学校和教师之间的关系直接影响着教师的专业发展和从教时的心理状态，这种影响又以积极和消极两种方式反作用到学校和学生的身上，形成一种循环。尤其是在多元文化的背景下，大学生仍处在世界观、人生观和价值观形成过程中，教师自身的经验、认知能力和思维方式在教育活动中发挥着主导作用。这使得教师既要主动参与学校的建设，承担完善学校建设的责任，又要加强同学生的沟通和交流，依据学生的需要和特点，丰富和发展教育内容，创新和改进教学方法，在从教活动中发展自己的专业，实现自身的成长。

学生以受教育者的身份处在思想政治教育活动中，一方面，学生是具有独立性、自主性、能动性和创造性的个体；另一方面，学生在知、情、意、行等方面的能力同社会发展和个人发展要求存在着差距。在思想政治教育过程中，学校、教师和学生之间是相互影响

的，不仅教师对学生具有影响，学生也影响着教师。通过交往互动，学校的规章、制度及文化和教师的思想道德政治素养等信息被传递到了学生一方，学生通过判断、吸收、拒绝或反抗，又将这些信息反馈到教师一方，影响教学秩序、校园文化、学习氛围和教师的情绪等各个方面。在思想政治教育活动中，学校、教师和学生的主体性都应该进一步地发展和提升。交往互动模式要求教师反思自己的行为，并适时做出调整，遵循学生身心发展的规律和特点因材施教，既满足学生的需要，也是其自身发展的必然要求。

三、"学校—教师—学生"良性互动的实现途径

主体性思想政治教育强调教学在道德教育中的重要性，结果是过分注重教师的主体地位和单方面的主体性，忽视了学生在自身品德发展中的主体性。教师的支配力和权威被过分地强调，由此形成的普遍的教学模式是填鸭式的灌输与被动式的接受。与传统思想政治教育相比，主体性思想政治教育理念主张让学生在人与人的交往中，在现实的社会关系中，在学习、工作、研究等活动中，自主接受教育者传递的思想道德，并通过自身的思想矛盾运动，形成正确的思想观念和道德意识。学生的思想品德是在交往活动中形成的，又在交往活动中表现出来并受到检验。大学生思想政治教育主体间的有效交往活动是通过"学校—教师—学生"的良性互动实现的。

在大学生思想政治教育中，良性互动反映的是教师和学生之间的独立和平等，在此基础上，教师和学生的平等对话成为主体间良性互动的前提。这种平等的对话以主体间的相互理解和自我反思为条件，通过思想的碰撞和真心的交流、相互激励和促进，求得共同发展。学校、教师和学生作为大学生思想政治教育互动的主体是缺一不可的，他们之间是民主、平等、共生的主体间性关系，无论哪一方都不存在霸权、支配和中心的地位。学校制定的制度不是为了追求各种排名和决策者的成绩，不是对教师和学生进行管制，而是真正以教师的发展需要为目标，以学生的思想和知识的进步为目标，变行政权力决策为广泛征求教师和学生意愿的民主决策。如此，教师不会抱怨学校的独断专行，亦会因此反思自身的不足，将民主和平等的理念带入教学活动中，充分尊重学生的兴趣和见解。学生也不会抱怨学校缺少学习氛围和大学精神，更不会抱怨与教师之间有不可逾越的"代沟"。学校、教师和学生共同重新建构思想和精神体系，并达成相互间积极影响和共同发展的目标。

大学生思想政治教育活动是培养社会历史发展的主体的活动，具有满足个人和社会发展需要的功能。教师和学生的互动过程既是自我发展的过程，又是作为社会发展过程的一部分而存在的。随着时代发展和人的发展出现了新情况、新问题和新要求，教师适时地提炼出反映时代和人的发展要求的教育内容，创新教育方法成为主体间良性互动的关键。社会主义市场经济、信息网络化时代、知识经济时代、全球化的需要对个人的发展提出多种多样的要求，教师要根据人的思想和精神生活全面发展的要求，对教育内容进行审视、反思和理性修正，灵活多样地选用教育方法，以适应学生的主体性和自我发展的需求。在现

代社会中，学生的各个方面已经发生了深刻的变化，他们接触媒体频繁，接受各种信息快速，思想超前，常常以一种独立、批判的眼光审视时代和社会的变化，对教育内容和教学方法都有了新的要求。在这种状况下，传统、说教式地将书本知识原封不动地交给学生，不仅实效性差，还会遭到学生的抵触。富有时代性和发展性的教学内容，辅之以现代教学手段能更好地满足学生的发展要求，也能满足社会发展的要求。

高校思想政治教育活动中教师和学生的主体互动是在实践中生成、表现和发展的。课堂的互动只是学生领悟道德和政治的一个方面，学校的集体生活和各种校内外活动越来越成为培养学生思想道德素养和政治素养的重要方面。学校实践活动和课堂教学活动的有机结合是实现教师和学生之间良性互动的有效手段。学校开展的围绕思想道德和政治展开的演讲、竞赛和辩论等校园文化活动，参观、调查、参与公益事业等社会活动，学生积极主动参与的学生会和各种学校社团等自主参与决策的活动成为大学生思想政治教育主体间互动的重要方式，是学生对教育内容的反馈，也是促进学生自我教育的催化剂。学生的学校生活也就是他们的社会生活，在实践活动中使高校的教育环境，特别是文化环境得到优化对大学生思想政治教育来说十分重要。哪些活动有利于形成学生的价值观，什么样的环境有利于引导学生成长和学生主体意识的培养，解决这些问题的经验都是在实践活动中通过不断创造、积累、检验而最终形成的。学生在参与各种实践活动中自觉思考课堂教学中的内容，进而实现思想政治教育内容的转化。学生只有通过亲身体验和实践才能形成优秀的思想道德品质，养成良好的行为习惯，进而反过来成为校园文化和大学精神的推动力量。

参考文献

[1] 胡在东，宋珊，杨文. 大学生思想政治教育模式与方法创新 [M]. 北京: 九州出版社，2018.

[2] 王楠. 大学生思想政治教育创新研究 [M]. 延吉：延边大学出版社，2017.

[3] 周成军. 大学生思想政治教育与创新创业 [M]. 北京：光明日报出版社，2016.

[4] 闫晓静. 大学生思想政治教育创新研究 [M]. 成都：电子科技大学出版社，2017.

[5] 史庆伟. 大学生思想政治教育管理与实践研究 [M]. 天津：天津教育出版社，2015.

[6] 简冬秋，孟广普. 大学生思想政治教育方法新论 [M]. 沈阳：辽海出版社，2019.

[7] 董晓蕾. 大学生思想政治教育方法的理论与实践研究 [M]. 北京：北京师范大学出版社，2018.

[8] 徐建军. 大学生网络思想政治教育理论与方法 [M]. 北京：人民出版社，2010.

[9] 戴丽红. 当代大学生思想政治教育创新探索 [M]. 成都：电子科技大学出版社，2016.

[10] 刘便花. 高校大学生思想政治教育创新与实践研究 [M]. 北京：国家行政学院出版社，2017.

[11] 黄慧琳. 高校大学生思想政治教育与创新能力培养探索 [M]. 成都：电子科技大学出版社，2017.

[12] 崔付荣. 新时代大学生思想政治教育创新发展研究 [M]. 北京：新华出版社，2018.